Karsten Hohage

D1671457

GRObgeHACKtEs

Prosa bei Lektora

Band 22

Karsten Hohage

GRObgeHACKtEs

Lektora

Lektora, Paderborn

Erste Auflage 2010

Lektora GmbH
Fürstenbergstraße 21 a
33102 Paderborn
Tel.: 05251 6886809
Fax: 05251 6886815

Druck: docupoint, Magdeburg
Coverdesign: Carina Hagel
Layout Inhalt: Carina Hagel

Printed in Germany

ISBN: 3-938470-42-9

Für Jan Jarl

Revolution und Hackfressen

Ein Vorwort

Darf ich gleich ganz ehrlich sein? Eine Slammer-Tugend ist radikale Offenheit ja wohl allemal. Also: Von Slampoetry und der dazugehörigen Szene haben wir lange lange nichts gehört und auch nichts hören wollen. Mit „uns" meine ich die traditionelle, allgemeine Presse Deutschlands, für die ich seit etwa zehn Jahren arbeite, für verschiedene große Zeitungen und Magazine, zuletzt als Feuilletonredakteur der WELT. Feuilletons und Slam, das schien nicht zu passen, glaubten meine Kollegen wohl.

Der erste Slam, in den ich geriet, war einer mit Grohacke in Berlin. Es folgten weitere. Dann sah ich mir die Deutsche Meisterschaft an. Nicht alles ist bombig, das gehört zum Konzept. Aber ein paar Leute, Marc-Uwe Kling, Sebastian23 oder eben Grohacke, waren Ereignisse. Ich sprach mit Slammern, gab mich als Journalist zu erkennen und hörte öfter die Beschwerde, dass die „Mainstream-Presse" so selten berichte. Halb aus Verlegenheit, aber halb auch ganz im Ernst sagte ich immer wieder: „Seid doch froh, wenn ihr so viel revolutionäre Kraft verströmt, dass die Großen Euch nicht einordnen können." Heute ist Slam nun wirklich nicht mehr Underground. Aber von der Kraft, die ich meinte, merkt man noch manchmal etwas – zum Beispiel in diesem Buch.

Grohacke ist aus mehreren Gründen bemerkenswert. Er ist schnell, gedankenkühn, hart und, wie ich inzwischen auch einmal feststellen durfte, außerordentlich trinkfest. Moment – Letzteres tut hier natürlich gar nichts zur Sache. Ich sage es nur trotzdem, damit man sich vor der Energie dieses Kerls in Acht nehmen kann! Die tut dann auch doch wieder was zur Sache. Denn die in diesem Buch versammelten Texte leben eigentlich von der Art, wie sie vorgetragen werden, und von der Bühnenpräsenz ihres Meisters. Meiner Ansicht nach funktionieren sie aber auch gedruckt hervorragend. Ihre Macht wohnt ihnen sozusagen schon ziemlich gut inne. Und das sagt hier jemand, der Ginsbergs „Howl" immer doof fand, bis er endlich mal eine alte Aufnahme gehört hat, auf der der Beatpoet es selbst spricht.

Grohacke ist noch aus einem Grund bemerkenswert. Er gehört zu der kleinen Gruppe von Slampoeten, die auch mal ernst wird. Denn, seien wir noch einmal ganz ehrlich: Bei vielen Slammern geht es entweder nur um Wortwitzigkeit oder um extreme Innerlichkeit, gesprochenes Psycho-Tagebuch sozusagen. Beides hat seinen Reiz. Nur, wer sich auf eines beschränkt, verschenkt die Möglichkeiten der ästhetischen Form Slam. Es gibt ein paar, und Grohacke könnte unter denen der Beste sein, da ist es auch mal totenstill im Publikum, weil man zu schlucken hat an dem, was man da gerade hört.

Da ist es gut, dass sein früher Klassiker „Ballon-Fahrer Jean und Flieger-Horst" auf den folgenden Seiten doch auch enthalten ist, denn der ist vor allem lustig, lustig, lustig. Und das ist auch gut so. Denn der Hüne unter den Slampoeten zeigt hier doch sowieso auf jeder zweiten Seite, dass er auf dem Weg ist, ein Erzähler zu werden. Ich meine, verdammt, er wird uns alle noch überholen und sonderbare, erschütternde und erschütternd komische Alltagsromane schreiben. Ich warte schon lange auf Werke, in denen der Begriff der „Hackfresse" grundlegend ist, in denen es iPhones und gPhones gibt, die verdammte junge Generation liebevoll niedergemacht wird, das Führerhauptquartier bei Heidelberg liegt und einsame Typen mit ihrem Ficus reden. Der ganze Dreck, mit dem wir Heutigen so bombardiert werden, müsste eiskalt auf seine Essenz reduziert werden, zu Sprüchen wie „Liebling, ich hab die Kinder gefressen" oder zu Stories wie der vom Gesundenhaus, in dem man sich nach all dem Wellness-Mist endlich mal so richtig schön krank machen lässt. Ja, das wär's. Ach so, Moment, ein solches Werk ist ja schon da – dieses Buch nämlich. Großartig!

Thomas Lindemann, Kulturjournalist und Autor von „Kinderkacke: Das ehrliche Elternbuch"
(Berlin, März 2010)

Hackfressen

(Hackfresse, die; syn. ‚Gesichtskoffer‘; ugs.
für hässlichen, unsympathischen oder einfach
saumäßig depperten Typen. Seltener für Frauen
verwendet.)

Maßstabsgetreue Menschenprojektionen

Mit vierzehn war ich etwa zwei Meter groß. „Das ist doch toll!", sagen jetzt da draußen all die Zwockels, die Abgesägten, die Miniaturen, die Krümel rund um den Kuchen, die Ersatzteile – all die maßstabsgetreu verkleinerten Menschprojektionen.

Jaaa … ganz toll!

Keine Ahnung, keine Meinung, keinen Stil und kein Ziel – nur eine Fresse voller Pickel und einen Wunschzustand, der nicht „groß" hieß, sondern „unsichtbar". Stattdessen wurde mir klar, dass man mich immer sah und dass das auch nicht besser werden würde. Denn mein noch gänzlich haarloser Sack sprach eine deutliche Sprache. Jeden Abend, wenn ich ihn nach ersten Härchen absuchte – mit einer Lupe – sagte er zu mir: „Bei Dir dauert das alles ein bisschen länger. Und deswegen wirst Du auch noch ein bisschen länger. Nein, Du wirst riesig sein. So riesig, dass man Dich immer sehen wird. Alle werden Dich sehen und auf Dich zeigen und sagen ‚Guckt mal, da hinten, das ist der Lange, der keine Haare am Sack hat.'" Und der blöde Sack hatte Recht. Zwar bekam er noch irgendwann Haare. Aber bis dahin war ich zwei Meter fünfzig groß und, ja, man sah mich immer.

Ich versuchte alles. Bucklig gehen sah scheiße aus. Auf den Knien rutschen auch. Die Orthopäden weigerten sich auch, einen halben Meter aus meinen Schienbeinen zu sägen. Also ließ ich mir die Haare lang wachsen, um mich dahinter zu verstecken.

Meine Haare werden nur leider, wenn ich welche wachsen lasse, nicht lang, sondern breit. Und in den Zeiten von Duran Duran, Trio und Don Johnson war ein Afro ungefähr so angesagt wie heutzutage schleimgelber Pullunder an hellblauem Polohemd im Dialog mit weinroter Lederkrawatte. Soll heißen, bei halblang gab ich auf. Von den halblangen bzw. halbbreiten Haaren in der Stirn bekam ich noch mehr Pickel auf der Stirn – irgendwann dann auch noch welche am Kinn, im Nacken und hinter den Ohren. Das kam vor allem von den fettigen halblangen Haaren. Denn ich duschte damals nur sonntags. Die Sache mit dem täglichen Duschen war damals noch den Poppern vorbehalten. Und wenigstens mit dem Popper-sein-Wollen hatte ich schon mit 1,90 m (also mit dreizehn) wieder aufgehört. Danach war ich in eine mehrjährige stilistische Orientierungsphase eingetreten.

Auch ein Glätteisen konnte ich nicht benutzen, um mir aus meinem atompilzartigen Euro-Afro einen wunderbar strähnigen Vorhang für mein Kratergesicht zu basteln. Metrosexualität war noch nicht erfunden und folglich wusste ich noch nicht mal, dass es so was wie Glätteisen überhaupt gibt. Unversteckt und unverhangen schillerten meine Pickel also in zunehmend mehr als zwei Meter Höhe vor sich hin.

Und eigentlich sollte ich nicht schillern sagen, mein Gesicht leuchtete geradezu:

Aus dem Landschulheim auf Spiekeroog schickte man mich nach Hause, weil schon in der ersten

Nacht ein Dutzend Schiffe auf Grund gelaufen waren, die mich für einen Leuchtturm hielten.

Beim Klassenbesuch im Atomkraftwerk, wollte man mich nicht wieder gehen lassen, da ich eindeutig zu viel abbekommen hätte. Ob meine mutierte Größe oder meine strahlende Gesichtspizza gemeint war, weiß ich bis heute nicht.

Nach einigen Tagen Dekontamination bot man mir eine Stelle als Flugsicherungssignal für Hochspannungsleitungen an, die ich aber ablehnte. Ich wollte immer noch Eiskunstläufer werden.

Stattdessen bot man mir des Öfteren weitere Positionen an, wie etwa „Kran" oder „Drei-Meter-Brett".

Ging ich bei Nacht durch die Straße, riefen die Leute „Ahhh…" und „Ohhh…", weil sie dachten, ich sei ein Feuerwerk.

Auch als Lightshow in einer 80er-Disco hätte ich mich verdingen können. Aber eine öffentliche Tätigkeit kam für mich nicht in Frage. Mein elendes Privatleben reichte mir.

Täglich, manchmal mehrmals täglich, bekam ich von 1,20-großen 16-Jährigen aufs Maul, die dann ihren Droogs erzählen konnten „Righty right, den riesigen Glupjek da drüben hab' ich mal horrorshow getollschockt." Denn ich strahlte in luftiger Höhe eine frohe Botschaft an alle aus, die irgendetwas zu beweisen hatten: „Ich bin ein beeindruckend großes, weithin sichtbares, vorpubertäres, unbeholfen schlaksiges, wehrloses Opfer!"

Und heute? Pickelfrei, selbstbewusst, groß und schlank, ein stattlicher Kerl? Ein Riese, der den Apfelbaum ohne Leiter aberntet und zu dem die Frauen auch in den höchsten Hacken noch aufschauen können? Ein Kerl, der bei jedem Konzert was sehen kann und dem man auf der Straße ausweicht?

Ah… ja?

Ein Kerl, der bei jedem Konzert entspannt was sehen kann. Bis irgendwann unweigerlich von hinten knapp an meiner Kniekehle vorbei eine Stimme aus dem Gewaber des Amöbenvolkes quakt: „Ey, Großer, geh doch mal 'n Stück weiter hinter. Wir wollen auch was sehen."… Ja, wo soll ich denn hin, liebe Halblinge, liebe Schlümpfe? In die letzte Reihe? In die Ecke? In den Zoo? An die Wand? Man hat mir zur Größe keine passenden Teleobjektive in die Augen hineingenetikert. Entschuldigt bitte, dass ich geboren wurde.

Ein Kerl, zu dem die Frauen aufschauen. Ein Kerl, der die Frauen aber schon akustisch nicht verstehen kann, wenn sie mit ihren zarten Stimmchen engelsgleich auf meine Schienenbeine einreden.

Ein Kerl, der in der Disco nur die Wahl hat zwischen „Ich bin 2,50 m und unnahbar" oder „Ich leg mich einfach auf den Boden, da bin ich dann ansprechbar". So richtig attraktiv scheint keins von beidem zu sein.

Ein Kerl, zu dem die Frauen zwar aufschauen können, aber wenn er herabschaut, der Winkel zwischen Augen der Frau und Ausschnitt der Frau so unglaublich klein ist, dass es fast unmöglich ist, da

16

nicht reinzugucken. Überlegt Euch das mal streng geometrisch – das stimmt! Und absichtlich auf Titten starren ist o. k., aber wenn man das aufgrund einer körperlichen Behinderung ständig aus Versehen tut, dann schränkt das irgendwie ein – echt!

Ein Kerl, der sich in Portugal überlegen muss, ob er seinen Strahl aus einem Meter Höhe ins Pissoir platschen lässt und sich durch dessen Aufschlag im Fremdurin die Schuhe besprenkeln lässt oder ob er sich gleich auf den bepissten Boden kniet, damit das Pissoir eine annähernd akzeptable Höhe hat.

Ein Kerl, der vielleicht mal als Endgegner von James Bond auftauchen könnte, der aber nicht mal zum ordentlichen Diktator taugt – Napoleon, Hitler, Berlusconi, Kim Yong Il, Merkel, Stalin, Sarkozy, Putin – alle keine 1,70 groß.

Ein Kerl, der sich beim Straßenbahnfahren oberhalb der Hüfte abknicken muss und sich prophylaktisch in eine der waagerechten Haltestangen an der Decke verbeißt, um das nicht beim ersten Bremsen aus Versehen zu tun.

Ein Kerl, der zwar auch an die höchsten Früchte dran kommt, aber dafür kaum an seine eigenen Schnürsenkel. Der zwar alles sehen kann, nur aus 'm Auto raus gar nix, weil er mit abgeknicktem Kopf unter der Decke hängt. Ein Kerl, für den es bei H&M maximal Bermudas gibt, auch wenn andere Hose dazu sagen. Ein Kerl, der sich eigenhändig ganze Kühe gerben muss, um einen passenden Schuh zu erhalten.

Ein Kerl, der Euch sagt: Wünscht Ihr Euch ma' nicht immer, ein bisschen größer zu sein!

Tut Ihr gar nicht?

Dann bleibt mir ja nicht mal das …

Schon der Weg ist zu viel

Immer wenn ich mich zwecks Antritts einer Reise dem Flughafen nähere, fühle ich mich wie Martha die Mastsau auf dem Weg zur Rügenwalder Fleischmühle. Ich zitiere aus der gesammelten Online-Weisheit der Menschheit: „Die Symptome der Aviophobie treten kurz vor dem Fliegen oder im Flugzeug auf" – ACH WAS … – „und umfassen schweißnasse Hände, Herzrasen, flache Atmung, Magen- und Darmkrämpfe, Schwindel, Kopfschmerzen und Übelkeit; generell tritt bei Betroffenen eine allgemeine Panik auf, die den ganzen Körper zu lähmen scheint."

Zu deutsch: Ich habe Flugangst. Zu noch deutscher: Schiss vorm Fliegen. Oder, wie ein befreundeter Pole einmal fragte „Warum hast Du so große Fliegenschiss?"

Für mich jedenfalls enthält der Ausspruch „Nur Fliegen ist schöner" ungefähr die gleiche Aussage wie „Nur Fadenwürmer schmecken besser" oder „Nur Thomas Hermanns ist noch lustiger" oder „Nur in Kassel ist mehr los".

Dass manche Zwänge des Lebens mich dennoch des Öfteren in Flugzeuge nötigen, trägt also ungefähr so viel zu meinem Wohlbefinden bei wie zwanzig Zentimeter Stacheldraht im Enddarm. Da hilft es mir auch wenig, dass die Hälfte aller Passagiere unter Flugangst leidet und dass besonders extreme Fälle Ute Lemper, Lars von Trier und der Dalai Lama sein sollen. Genauso wenig helfen mir

Bücher wie „Warum sie oben leiden" oder „Endlich fliegen ohne Angst". Letzteres übrigens vom gleichen Autor wie „Endlich Nichtraucher", das bei mir auch nie Wirkung gezeigt hat – spätestens vor dem Fliegen mit Angst bin ich auch immer endlich wieder Raucher geworden. Dem gutmenschelnden, besserwissenden Autor der „Endlich ..."-Serie hingegen wünsche ich „Endlich Angst vor Sand" – und zwar in der Sahara.

Kurz vor dem Fliegen oder im Flugzeug schwankt der passionierte Aviophobiker zwischen zwei Verhaltensextremen: Erstens, die penible Beobachtung und Verfolgung sämtlicher Fluggeräusche, Borddurchsagen, Kugelblitze und anderer Wetterphänomene, Vogelschwärme, barttragender Mitpassagiere mit Hakennasen und an Bord betriebenen Elektrogeräte – von einfach allem, was die sichere Katastrophe ankündigt. Wie also auch zu junge, zu alte, zu große, zu kleine, zu dicke oder zu hübsche Piloten und die gefährliche Nähe der Hochsteckfrisur der Chef-Stewardess zu den Deckenschaltern im Cockpit, wenn sie dem Piloten ein Getränk bringt. Und WAS bitte, trinkt der da ÜBERHAUPT?

Das zweite Extrem ist die Ablenkung durch jede noch so sinnlose Beschäftigung, wozu nebst dem endlich Rauchen auf der Toilette das Lesen von Bordshoppingblättchen, das Verzehren von vollsynthetischen Flugmahlzeiten und das Trinken von Tomatensaft zählt. Oder woher kommt es bitte, dass man nie, aber auch niemals, auf Gottes fester Erde, auf der zu wandeln wir Menschen erschaffen

wurden, erlebt, dass jemand irgendwo „Einen Tomatensaft, bitte!" bestellt, dass aber spätestens jeder
Vierte, der in einer dieser titanenen Flugmaschinen
des Satans sitzt, das tut? Die zwei häufigsten Sätze an Bord dieser geflügelten Metallzigarren sind:
„Schuldigung, das ist mein Sitz" und „Einen Tomatensaft, bitte!" Und ich bin mir sicher, dass man an
der Bestellung dieses menstrualoptischen Geträn-
kes die anderen Aviophobiker (zu noch deutscher:
Flugschisser) erkennen kann. Auch ich trinke aus-
schließlich in Flugzeugen Tomatensaft. Mit festem
Boden unter den Füßen finde ich Tomatensaft wi-
derwärtig. Aber was tut man nicht alles …

Ja, was tut man nicht alles. Ich beginne mit
Aviophobiker-Strategie Nummer eins, der peniblen
Beobachtung, schon im Terminal. Wo ist die Kiste?
NEIN! Nicht die Hasenkiste mit den Propellern da
vorne! Warum fährt man uns mit einem Bus über
das Rollfeld? Will man nicht, dass irgend jemand
den verrosteten Vogel schon vom Terminal aus sehen kann und deswegen im Boardingbereich an-
fängt, Panikhäufchen durch den Raum zu verteilen
wie eine Kohlmeise, die nicht mehr aus der Turnhal-
le findet? Oder kann der Pilot etwa nicht ordentlich
einparken? Am Ende eine Frau am Knüppel??

Von meinen Händen läuft Salzwasser, als hätte
ich gerade mit ihnen ein Meer geteilt.

Was für eine Maschine ist es denn heute? Ein
Airbus A320? Röhrt im Steigflug wie eine Kreidler
Florett – für die Jüngeren: Das ist ein 50-Kubik-
Moped. Da weiß man wenigstens, dass alles noch

tut, wenn's brummt. Eine Fokker 100? Da hört man gar nichts, jedenfalls keine Triebwerke, schnurrt wie ein glückliches Meerschweinchen. Ständig lausche ich in der F-100 angestrengt, ob da überhaupt noch irgendwas läuft. Beobachte umso angestrengter die Tragflächen und Triebwerke, je weniger ich höre. Leckt da Treibstoff? Ist das normal, dass die Klappe da wackelt? Hör' ich keine Düse, dann geht sie mir, die Düse. Eine Boeing 777? Ganz schlecht. Weiß doch jedes Kind, dass deren 340 Tonnen bei der Landung viel zu wenig Räder zur Verfügung stehen und man in Paris deswegen schon die Rollfelder verstärken musste. Das kann ja auf die Dauer nicht gut gehen. Und wer glaubt überhaupt noch, dass Flugzeuge aus Amerika irgendetwas außer Bomben transportieren können? Sei's nun am Bauch und als Export, oder im Bauch und als Import …

Vielleicht bringen sie mich ja wieder zurück zum Terminal, wenn ich den dicken Kindern der amerikanischen Familie neben mir im Bus ein bisschen von meinem Kampf für den wahren Glauben erzähle und sie laut als fette, ungläubige Schweinespeckmenschen beschimpfe?

Aber in den Knast will ich auch nicht, denn Klaustrophobie habe ich auch und deswegen lande ich doch an Bord.

Es ist ein Airbus. Ein Airbus der Lauda Air – eine nette Airline, freundlich und komfortabel. Und immer für einen Witz gut, den ich schon in der Boarding-Schlange gerissen hatte, um die Angst zu vergessen: „Lauda Air? Sind das nicht die mit nur einem Flügel?" Siebzehn Aviophobikernacken zuckten vor mir zusammen und verkrampften sich. Ein einziger Niki Lauda Fan, der den eigentlichen Sinn des Witzes verstanden hatte, drehte sich zu mir um und fletschte die Zähne. Hilft mir aber nicht viel, dass Lauda Air freundlich, komfortabel und immer für einen Witz gut ist. Im Bordblättchen stolpere ich über die Namen von Lauda Airs Maschinen. Die, in der ich gerade sitze, muss, da ein A320, entweder „Ray Charles" oder „Frida Kahlo" sein … aha … Die Wahl zwischen Blindflug und lebenslangem Schmerz? Schön, das macht Mut. Ich verspüre Stuhldrang.

Könnte ich bitte doch in eine der Boeings des Hauses umsteigen? Da gäbe es unter anderem „Falco", „Frank Zappa", „Freddy Mercury" und „Kurt Cobain" … Na gut, nenne ich die Modelle meines zukünftigen Automobilimperiums eben „James Dean", „Grace Kelly" und „Princess Di".

Ich will raus!!!

Aber es hilft nichts, die Stewardess, eine ehemalige österreichische Langstreckenschwimmerin, drückt mich sanft, aber bestimmt in meinen Sitz zurück. Das Anschnallzeichen leuchtet schon, wir parken gleich aus und ich weiß, dass ich sterben werde.

Wie habe ich das bloß früher ausgehalten, 5 Minuten auf den Bus zu warten?

Um heutzutage in Pisa den schiefen Turm zu finden, benötigt man, wie es scheint, mehr oder minder zwingend ein mobiles Endgerät. Um dabei sein zu können, wenn homosexuelle Esoteriker mittels Schneekanonen Millionen von Rosenblättern auf den Marktplatz irgendeiner mediterranen Stadt regnen lassen, benötigt man heutzutage mehr oder minder zwingend ein mobiles Endgerät. Um gelegentlich seine Kinder zu sehen, benötigt man heutzutage auf jeden Fall ein mobiles Endgerät. Und um nicht zu verpassen, wie dicke, hässliche Briten zu Opernstars werden, benötigt man auch ein mobiles Endgerät. Und das alles, obwohl man eigentlich weder den schiefen Turm von Pisa, homosexuelle Esoteriker, Rosenblätter oder dicke hässliche Briten oder Briten überhaupt benötigt.

Hätte der Architekt des schiefen Turms von Pisa ein mobiles Endgerät besessen, dann gäbe es den schiefen Turm von Pisa vermutlich nicht. Auch die schwulen Esoteriker und alle dicken Briten dieser Welt – also alle Briten – wären vermutlich viel zu beschäftigt mit der Konfiguration ihrer mobilen Endgeräte, um nebenher noch Opernstar zu werden oder Rosenblätter durch Schneekanonen zu jagen. Außerdem könnten sie ja statt Türme bauen oder Blütenblattregenmachen – Hol Dir den X-Ray Scanner und verwandle Dein Handy in ein mobiles Röntgengerät! – mit ihrem mobilen Endgerät immer mal nachschauen, ob sie nicht doch einen Knochen im Penis haben – vor allem die Briten natürlich.

Endlich gibt es für jeden Buchstaben im Alphabet ein Phone. Ein ABCDEF G-Phone. Ein H I-Phone. Ein JKLMNOooo-was-weiß-denn-ich-Phone – alle mit Kamera, MP3 Player und natürlich GPS. Endlich kann mühelos jeder Kreuzungspunkte von Längen- und Breitengraden ansteuern, sich dort fotografieren und sofort ins Internet stellen, egal ob an diesen Kreuzungspunkten von Längen- und Breitengraden irgendwas schön ist oder überhaupt gar nicht. Endlich kann das auch jeder, der sich früher schon in der eigenen Wohnung auf dem Weg zum Klo verlaufen hätte. Endlich kann ich auf dem Weg zur Bushaltestelle herausfinden, dass der Bus 5 Minuten zu spät sein wird, noch mal nachhause gehen, einen Schuh ausziehen, einen Schuh wieder anziehen und erst dann zur Bushaltestelle gehen. Wie habe ich das bloß früher ausgehalten, 5 Minuten auf den Bus zu warten und nicht zu wissen, dass es 5 Minuten sein werden? Ich weiß es nicht ... damals konnte ich schließlich auch meine Meinung noch nicht bei Wikipedia nachschlagen.

Wir wollen uns gar nicht erst fragen, ob sich noch jemand an die Zeit ganz ohne Handys erinnert – ja, liebe ABI-200Xler, die gab es wirklich! Und die gab es nicht wie den Yeti wirklich, sondern wirklich wirklich. An die Zeit, als Verabredungen noch Verabredungen waren und keine in Zeit und Raum beliebig verschiebbaren Date-Optionen – unterworfen einer Art Heisenberg'schen Unschärferelation. An die Zeit, als Schillers Bürgschaft noch eine wunderbare Ballade über treue Freundschaft war und nicht die Geschichte eines technikverweigernden Volldeppen – „Ey, warum ruft der nedd einfach den fiesen Tyrannen-Arsch an unn' sagt dem: ‚Isch komm später, Alder, weil dem krasse Fluss hier einfach fett zu viel Wasser hat, Mann!' Hat der kein Handy, oder was?" An die Zeit, als man auch in Filmen der Machart „Sechs College Studentinnen allein in der Berghütte und jetzt kommt der Kerl mit der Motorsäge" noch nicht fünf Minuten des sowieso nicht weiter nennenswerten Plots dafür verschwenden musste, um glaubwürdig zu belegen, dass da jetzt keins von den Girls einfach schnell das Handy aus der Clutch zücken kann, um nach dem Rettungshubschrauber, der Polizei oder nach Bruce Willis zu telefonieren.

Nach dieser Zeit gänzlich ohne mobile Endgeräte wollen wir, wie gesagt, nicht fragen. Aber erinnert sich noch jemand außer mir an die Anfänge mobiler Technologie? Damit meine ich jetzt nicht den ersten Trabi mit Autoradio. Ich meine die Zeit, als man statt des Abenteuers, einfach mal unerreichbar zu sein, wenigstens noch das Abenteuer der frühen Mobiltechnologie erlebte.

Wer kennt nicht das wunderbare *Motorola DynaTAC 8000X*? Oder das *Mobira Cityman 450* vielleicht? Nein? Eines von beiden war es in der Regel, wenn Don Johnson oder Roger Moore irgendwo von einem schwitzenden Lakaien etwas überreicht bekamen, das aussah wie ein RaabKärcher Dampfstrahler oder wenigstens ein Handstaubsauger. Und in diese halbmetergroßen, pfundsschweren Geräte sprachen sie dann hinein. Dazu konnte man noch Mobilfunk sagen! Das waren noch richtig ordentliche Funkgeräte, die einer Schiffsbrücke oder eines Panzers würdig gewesen wären. Heute würde man den Träger eines solchen Mobilmonsters auslachen. Früher wussten wir noch: Uffbasse! Wer ein Mobiltelefon trägt, ist entweder in der Mafia oder beim BND. Und wer ein Mobiltelefon tragen kann, ist stark genug, um uns mit einem Handgriff an den nächsten Kronleuchter zu hängen. Und wer mit einem Mobiltelefon telefonierte, musste auch eine wahre Killermentalität haben – er verachtete sein eigenes Leben und das aller anderen auch. Schließlich konnte man mit der Strahlung dieser Geräte in wenigen Minuten einen Schweinebraten garen, eine Tankstelle in Brand setzen oder sich tatsächlich den Penis röntgen, um ihn nach Knochen abzusuchen.

Noch größer war allerdings das Problem der Netzabdeckung. Eigentlich brauchte man noch einen eigenen Sendemast, um die frühen Mobilknochen nutzen zu können. In der Hinsicht besser dran waren die Träger von Satellitentelefonen. Für diese allerdings benötigte man einen Rucksack und eine noch unverdorbene Wirbelsäule. Ganz ähnlich auch für die Laptops dieser Zeit, die etwa die Masse heutiger Supercomputer hatten. Dennoch schleppte mancher Vertriebsmitarbeiter sie tapfer von Kunde zu Kunde und brachte auch noch den eigenen tragbaren Beamer mit – diesen dann meistens auf einem Handkarren. Geschäftstermine mit dieser Ausstattung wurden dann oft in Atom-U-Booten abgehalten. Erstens weil man dort eine ausreichende Energieversorgung sicherstellen konnte, zweitens weil dort die Strahlungsabschirmung zumindest gut genug war, um durch den Betrieb keine feindseligen Außerirdischen anzulocken und drittens, weil solche Ausrüstung – wie gesagt – sowieso licht- und gesetzesscheuen Subjekten wie Mafiosi, Nachrichtendienstlern und Vertriebsmitarbeitern vorbehalten war.

Warum erzähle ich aus dieser Zeit?

Eigentlich nur, damit wir uns mal wieder klar machen können, wer auch uns letzten Endes unsere Handys beschert hat – das waren Mafiosi, Nachrichtendienstler und Vertriebsmitarbeiter. Die Mafiosi sorgen für den Einkauf von – für den Handybau nötigen – seltenen Erden zu Schleuderpreisen bei Diktatoren in afrikanischen Bürgerkriegsländern. Die Nachrichtendienstler freuen sich, dass immer noch manch einer glaubt, Handys seien schwieriger abzuhören als andere Telefone und die Vertriebsmitarbeiter, die sorgen wie immer dafür, dass wir alle brav mitspielen.

Ach so ... sorry ... vibriert gerade, ich geh' mal eben ran:

„Ja? Rhenium und Rhodium aus Malawi? Tantal aus Mosambik? Gegen Waffen? O. k., das machen wir."

Ja, 'tschuldigung, wo waren wir stehen geblieben?

Im sozialkritischen Teil.
Ach, was soll's …

Das Brot –
Im Rheingraben gibt es weder Opale noch Kängurus

Paul ist ein Kollege von mir und kommt eigentlich aus Australien. Paul ist gerade vierzig geworden, wirkt ein bisschen schwul, ist eher bi und behauptet, seit mindestens zehn Jahren schlicht inaktiv zu sein. Seine Lieblingsbezeichnung für seine Vor- oder eben seine Nichtlieben ist: „sexually ambivalent". Das finde ich zwar eine erstaunliche Vorstellung, hat aber mit dem Brot nur insofern etwas zu tun, als dass auch ein Brot vermutlich „sexually ambiva-lent" ist – auch wenn ein Brot das sicherlich nicht zehn Jahre lang durchhalten würde, was wiederum ganz andere Gründe hat als die, aus denen ich das nicht zehn Jahre durchhalten würde. Beim Brot hieße der Hauptgrund „Schimmel". Mit meinem Hauptgrund könnten wir jetzt einen lustigen Reim auf „Schimmel" bilden – und lassen es.

Paul kommt also aus Australien, dem Land mit den besten Surfbuchten und schönsten Stränden der Welt, dem Land, in dem einen die Schönheit der Natur fast zum gläubigen Menschen machen könn-te, wenn da nicht auf einem ganz anderen Konti-nent mit viel weniger schönen Stränden einer säße, der behauptet, die Stimme Gottes zu sein, obwohl das bis vor kurzem noch ein ganz anderer war. Da nun aber der, der jetzt die Stimme Gottes ist, mit dieser Stimme noch mehr Mist erzählt als der, der vorher die Stimme Gottes war, werde ich trotz der australischen Strände wieder nicht zum gläubigen Menschen, obwohl ja der Gedanke, das Brot zu brechen und unter den Armen zu verteilen, eine schöne Grundidee ist und wenn auch zu sonst nicht viel, so doch immerhin zu manch mittelmäßigem Kalauer geführt hat.

Paul aber kommt ja nun, wie gesagt, aus Austrund nicht aus Italien. Und als Australier ist er natürlich wesentlich mehr gewöhnt als die gar nicht so schlimme Tatsache, dass die Stimme Gottes verdammt weit weg ist. Zum Beispiel ist Paul es als Australier gewöhnt, 10 km zum Nachbarn, 50 zum Einkaufen und 200 in die nächste gute Kneipe zu fahren, in der ihm nicht sofort opalschürfende oder kängurujagende Hinterwäldler die Fresse polieren. Und das wäre dann noch nicht mal, weil Paul ein bisschen schwul wirkt, sondern weil man sich unter opalschürfenden und kängurujagenden australischen Hinterwäldlern einfach gerne mal die Fresse poliert. Das ist ein Akt der Männerfreundschaft, gehört zum guten Ton und zu einem gelungenen Wochenende einfach dazu. So, wie eine gelegentliche freundschaftliche Fressenpolitur auch in Kanada, mancher Gegend der USA und überhaupt überall, wo das Britische Imperium einmal Platz griff, eine ganz normale soziale Interaktion darstellt.

Paul ist es also gewöhnt, wegen jedem Scheiß ungefähr 200 km weit zu fahren, nur um zum Beispiel ein Brot zu kaufen oder auch um schlicht nicht die Fresse poliert zu bekommen. Deswegen findet er es natürlich toll, dass er jetzt bei uns mitten in der Altstadt wohnt. Da kann man das Brot vor der Haustür kaufen, überall mit dem Fahrrad hinfahren und bekommt obendrein auch noch ungemein selten die Fresse poliert. Was daran liegen mag, dass es bei uns in der Altstadt weder Opale noch Kängurus gibt, oder schlicht daran, dass es nicht zum guten Ton gehört, sich gelegentlich als Akt tätiger Männerfreundschaft die Fresse zu polieren.

Paul wohnt also direkt in der Altstadt, hat ein Fahrrad, kauft sein Brot direkt vor der Haustür und kann es gleich wieder nachhause bringen, ohne sich zwischendurch die Fresse polieren zu lassen. Da ist es ihm, glaube ich, ziemlich egal oder noch gar nicht aufgefallen, dass es am Neckar weder Traumstrände noch Surfbuchten, im Rheingraben weder Opale noch Kängurus und im Odenwald auch bestimmt keinen Ayers Rock gibt. Das heißt – aufgefallen ist ihm das sicherlich. Denn Paul fällt eigentlich alles auf und um einen Kommentar trocken britischen Stils ist er eigentlich nie verlegen. Erstaunlicherweise kommt Paul dabei gänzlich ohne körperliche Argumente (aka „Fresse polieren") aus, was zwar eine ganz hübsche Ausnahme der aufgestellten Regel über den Einfluss des britischen Imperiums ist, hier aber nicht näher behandelt wird, da differenzierte Betrachtungen in Texten dieser Art schlicht nichts verloren haben. Festgehalten sei, dass am Ende ein Brot und eine intakte unpolierte Fresse wichtiger sind als Opale, Traumstrände und Ayers Röcke.

Paul wohnt also direkt bei uns in der Altstadt und hat nebst einer intakten Fresse und immer Brot dort eine Traumwohnung, in der ich ihn neulich besuchte. Ich kam direkt von der Arbeit zu Paul und hatte unterwegs noch eben ein Brot eingekauft. Das Brot trug ich unter dem Arm zu Pauls Wohnung – vorbei an ein paar seltenen australischen Touristen, die sich in Ermangelung von Kängurus und Traumstränden gerade gegenseitig die Fresse polierten, weil einer von ihnen behauptet hatte, so ein Odenwald sei ja eigentlich viel netter als so ein blöder Ayers Rock. Da mir ja klar war, dass ich lediglich Zeuge eines Aktes der Männerfreundschaft wurde, ging ich mit meinem Brot weiter zu Paul und mit ihm und noch einem Kollegen dann erst zum Essen und später noch auf ein paar Bier in eine Altstadtkneipe, wo wir auch die australischen Touristen wiedertrafen – erschöpft aber glücklich.

Das Brot hatte ich inzwischen aus zwei Gründen in einer Tüte bei mir. Erstens wollte ich nach unserer kleinen Tour direkt nachhause und nicht mehr zu Paul, nur um ein dort liegendes Brot abzuholen. Zweitens handelte es sich um ein echtes deutsches Sechskornbrot und nicht um ein Brot aus einer ehemals vom Britischen Imperium beeinflussten Gegend – ich konnte es also nicht zusammengefaltet in die Jackentasche stecken.

Paul machte mit weiterhin unpolierter Fresse in der Kneipe nun die alles entscheidende Bemerkung. Die Bemerkung, durch die mich eine essentielle Erkenntnis traf. Ich habe der Bemerkung nur ein wenig Reim hinzugefügt. Da Paul, wie gesagt, Australier ist, machte er die Bemerkung in englischer

Sprache: „A real Australian man would rather drop dead, than be seen in a bar with his friends and a loaf of bread." Auf Deutsch also in etwa: „Lieber tot als Brot." Für einen Moment überlegte ich, ob ich Paul jetzt vielleicht die Fresse polieren müsste, aber er sprach schon weiter: „It is great to live in a place, where a man does not feel that he is losing his cool by carrying around a loaf of bread."

Wir unterhielten uns dann noch eine Weile darüber, dass ich nächstes Mal mein Brot in einem Henkelkorb mit rot-weiß-kariertem Deckchen transportieren solle, machten uns dann aber aus dem Staub, weil die australischen Touristen gerade dabei waren ,sich in der Kneipe mit ein paar Kanadiern anzufreunden, und beide Seiten sich auf ihre heimischen Freundschaftsrituale vorbereiteten.

Paul ging seinen kurzen Weg nachhause, ohne 200 km fahren zu müssen.

Ich ging meinen etwas längeren, aber auch keine 200 km weiten Weg nachhause.

Beide in dem glücklichen Bewusstsein, stolz und mit unpolierter Fresse unser Brot hintragen zu können, wohin es uns passt.

Traumstrände hin oder her.

Herr Ottermann rettet die Welt – Teil I

Eines schönen Tages dachte sich Herr Ottermann bei seinem zweiten morgendlichen Früchtetee mit eineinhalb Löffel Zucker: „Heute rette ich mal wieder die Welt." Einen Moment lang schaute er ganz glücklich auf das Bord über seinem Küchentisch, auf dem seine antike Kaffeemühle stand – so eine aus Holz mit Kurbel – und summte vergnügt vor sich hin: „Heute rette ich die Welt. Der Ottermann, der rettet heut' die Welt. Otti, Otti rettet heut' die Welt …" Naja, und so weiter eben. Wie so einer mit einer antiken Kaffeemühle auf einem Bord über dem Küchentisch eben summt, wenn er gerade beschlossen hat die Welt zu retten. Kennt man ja.

Aber vor dem Weltretten erstmal aufräumen. Ordnung muss sein. Kaffeemühle abstauben zum Beispiel und Früchteteetasse ausspülen und Zucker zumachen und wegstellen. Und dann erst mal aus dem Küchenfenster geguckt, wie das Wetter ist. Ziemlich grau sieht's aus. Gardine auf die Seite geschoben: „Regnet das etwa?" Bei Regen rettet sich's so schlecht, außer sich selbst nach drinnen – ins Trockene. Regnet aber gar nicht. Ist nur grau. Also vielleicht ist doch noch was zu retten, vielleicht sogar die Welt. Wäre ja auch schön. Ansonsten umsonst gesummt.

Nun hatte Herr Ottermann (alias: „Otti") also schön seinen Frühstückstisch aufgeräumt und auch die Zeitung wieder schön ordentlich zusammengefaltet und für den Nachmittag schon mal vorsorglich im Klo auf den Spülkasten gelegt. Man weiß ja nie, ob man es dann nicht doch plötzlich eilig hat und am Ende die Zeitung vergisst und dann diese schönste Viertelstunde des Tages gar nicht richtig genießen kann. Aber noch war die Zeit nicht gekommen. Jetzt war erst mal die Zeit zum Weltretten. Also begab sich Herr Ottermann (der sich in seinem Bad übrigens niemals selber „Otti" genannt hätte, denn im Bad ist das unanständig) von seinem Klo wieder in den Flur, zog seinen Mantel an, setzte seinen Hut auf, entriegelte seine Tür, trat hinaus in den Hausflur, wischte kurz das Emailleschild „Ottermann" mit dem Ärmel sauber und stieg die drei knarzenden Stockwerke Holztreppe hinab ins Erdgeschoss und ging von dort entlang der Reihe grauer Stahlbriefkästen zur Tür und auf die Straße.

Und jetzt: Welt retten. Das wird heute einfach. Das spürt man. Rüber über den Ring, an der Ampel natürlich, und in den Park. Um sich spähen. Was liegt denn da auf dem Kiesweg (angenehm feinkiesiger Kiesweg)? Näher ran an das Ding. Grünes Ding. Ein grünes Kinderauto aus Plastik mit Achsbruch. So eins, auf dem Kinder sitzen und fahren und „Brömm" machen oder „Tüt". Und einem damit in die Hacken fahren. „Tatü, Tata, der Otti ist gleich da!" Fahrzeughalter, Fahrzeugführer, Eigentümer, Polizei, ADAC usw. alle nicht zu sehen. Das Wrack muss entsorgt werden. Angepackt, weggetragen, schön zerlegt und ab in die gelbe Tonne damit. Hätte ja wer drüber stolpern können. Und hinfallen und sich verletzen. Am Ende gar jemand Wichtiges.

Lottobote, Polizist, Messias, Erfinder oder vielleicht Politiker oder König oder so. Gut, dass das weg ist. Welt gerettet.

Und jetzt wieder nach Hause, rein in die gute Stube und dann … Zeitung wartet … oder vorher noch einen Tee und eine Backpflaume.

Das Rennen –
Sandalen sind für Pogo ungeeignet

(Reality-TV in einer neuen Dimension)

Die Aufgabe: Drei Zweierteams, aus dem Leben gegriffen, treten zum härtesten Rennen an, das im deutschen Fernsehen je live übertragen wurde. Es gilt, eine Strecke zurückzulegen, die anspruchsvoller und härter ist als jeder Schweizer Bergmarathon, jede Rallye Paris-Dakar, als jede George-Bush-Wahlkampftour durch Kabul – ja, härter sogar als Bier holen beim Böhse-Onkelz-Konzert.

Der Ort:
Heidelberg, Fußgängerzone.

Die Zeit:
Ein sonniger Samstag im Mai, 11 Uhr 30.

Die Teams:
Team 1: Adnan und Volkan, 17 und 19 Jahre alt, genannt „Krass-Mann" und „Voll-Krass-Mann", zu Besuch aus Mannheim, also mit Migrationshintergrund. Gekleidet in Jeans mit dem Arsch in den Kniekehlen, diverse Markennamen und Mützen, die den Schirm hinten haben. Besondere Hilfsmittel: MP3-Player mit Gangsta-Rap.

Team 2: Thomas und Michael, 19 und 23 Jahre alt, genannt „Rollmops" und „Leuchtturm", zu Besuch aus Mecklenburg-Vorpommern, also auch

mit Migrationshintergrund. Gekleidet in Springer-
stiefel, hochgekrempelte Jeans, karierte Hemden,
Hosenträger und schwarze Lonsdale-Jacken, Clas-
sic Harrington Style. Besondere Hilfsmittel: extrem
kurze Haare.

Team 3: Susanne und Leon, 29 Jahre und drei
Monate alt, genannt „Schatz" und „Scheißerchen",
hier zuhause, also ohne Migrationshintergrund. Ge-
kleidet in wirklich nichts weiter Erwähnenswertes.
Besondere Hilfsmittel: ein Kinderwagen der Marke
„MacLaren MX3, Dreami".

Die Aufgabe:
Schnellstmögliche Längsdurchquerung der Ein-
kaufsmeile von Bismarck- bis Marktplatz.

Startschuss fällt auf dem Bismarckplatz. Team 1
hört nix. Hat MP3-Player zu laut. Team 2 kratzt sich
synchron am Sack. Setzt sich dann in Marsch. Der
kleine Leon ist aufgewacht und plärrt.

Team 1 merkt, dass Team 2 schon Fußgänger-
ampel überquert hat. Interne Diskussion. Hauptargument „Bissu blöd, oder was?" Team 2 bekommt
Strafzettel von Polizeistreife. Ampel bei rot überquert. Kommentar von Ordnungshüter: „… und zum
Führerhauptquartier geht's da hinten lang." Susanne
singt Leon ein Lied vor. Leon schreit noch lauter.
Susanne singt ungefähr wie Grönemeyer.

Team 1 beendet Diskussion. Ist mit MP3-Player
im Ohr unergiebig. Mit nur einem Argument auch.
Laufen jetzt los. Team 2 erklärt Ordnungshüter, dass

nicht alle Skinheads Nazis sind. Zusammenhalten solle man aber trotzdem. Ordnungshüter somit als Nazi bezeichnet. Merkt das aber nicht. Merkt auch sonst nicht viel. Sagt deswegen: „Ja, ja, nächstes Mal jedenfalls auf das Männchen mit dem Stechschritt warten." Susanne gibt Leon mitten auf dem Bismarckplatz die Brust.

Team 1 überholt Team 2. Adnan biegt in Sankt-Anna-Gasse ab. Verfolgt ein blondes „Babe". Blondes Babe ist genervt. Volkan auch. Interne Diskussion. Team 2 hat Diskussion beendet. War mit Ordnungshüter unergiebig. Überholt Team 1. Brust von Susanne wieder verpackt. Team 3 ist startklar.

Team 1 beendet interne Diskussion. Hauptargument „Bissu blöd, oder was?" immer noch unergiebig. Zwischensprint bis zur Galeria Kaufhof. Team 2 stößt vor Galeria Kaufhof auf Hare-Krishnas. Haben auch Glatzen. Verbrüderungsversuch. Susanne lächelt glücklich. Ampel mit MacLaren Dreami bei rot überquert. Dabei Ordnungshüter über den Haufen gefahren. MacLaren Dreami durchtrennt Achillessehnen mehrerer Passanten. Leon schläft seelenruhig.

Team 1 überholt Team 2. Team 2 gibt Verbrüderung auf. Hare-Krishnas andere Art von Glatzen. Sandalen für Pogo ungeeignet. Tragen auch weder Fred Perry noch Lonsdale.

Susanne und Leon haben Katrin und Linus getroffen. Hach, das ist aber nett …

Team 1 wird aufgehalten. Von Handy-Geschäft. Griff an Kniekehlen. Dort eigene Handys in der Gesäßtasche. Handy-Vergleich. Zukunftstraum: Handy mit Pornokanal-Empfang – krass. Außerdem BMW mit Alufelgen. Perfektes Leben. Team 2 überholt Team 1.

Susanne und Leon verabschieden sich von Katrin und Linus. Nehmen wieder Fahrt auf. Zersprengung einer koreanischen Touristengruppe.

Team 1, interne Diskussion: MP3-Player oder Pornokanalempfang wichtiger für Handy? Hauptargument „Bissu schwul, oder was?" Team 2 trifft auf Straßensperre – studentische Antifaschisten. Team 3 erreicht Galeria Kaufhof. Leon gluckst vor sich hin. Team 1 und 2 nicht in Sicht.

Team 1 beendet interne Diskussion. Hauptargument „Bissu schwul, oder was?" ebenfalls unergiebig. Team 2 erklärt antifaschistischer Straßensperre, dass nicht alle Skinheads Nazis sind. Antifaschistische Straßensperre ist unbeeindruckt. Susanne und Leon fahren einem Pantomimen über die Füße. „Scheiß Mütter" schreit der. Gibt folglich Profession auf. Wird vorher noch von vier weiteren MacLaren Dreami Fahrerinnen verprügelt.

Team 1 holt Team 2 ein. Team 2 prügelt sich gerade mit Antifaschisten. Team 1 findet verzeckte Studenten krass scheiße, Alter. Team 2 erklärt Team 1 in kurzer Prügelpause, dass nicht alle Skinheads Nazis sind. Team 1 weiß nicht, was Nazis sind, findet Team 2 aber cooler als scheißen schwule Studenten, Alter. Verbrüderungsszene. Team 1 und 2 haben mehr Übung als Studenten. Verprügeln zu viert 23 Antifaschisten. Ordnungshüter schauen zu. Finden

Antifaschisten auch nicht so toll. Ordnungshüter haben ja selber auch nicht studiert. Wozu auch? Werden außerdem von Antifaschisten immer als Faschisten bezeichnet. Susanne und Leon durchqueren unbehelligt die Massenschlägerei. Walzen dabei zwei letzte stehende Studenten platt. Studenten sind dem Kinderwagen nicht ausgewichen. Passanten treten plattgewalzten Studenten deshalb noch eine Weile in die Nieren.

Susanne und Leon erreichen Marktplatz. Sieg. Der kleine Leon wacht auf und plärrt. Susanne gibt ihm mitten auf dem Marktplatz die Brust. Team 1 und 2 brechen Rennen ab.

Hatten sowieso nie eine Chance. Weder im Rennen, noch sonst wo. Erneute Verbrüderung.

Gehen auch einen trinken – gemeinsam – bei „Dr. Flotte".

Prost Rollmops, Prost Volkan, Prost Leuchtturm, Prost Adnan, Prost Leon.

Susanne bestellt einen Prosecco.

Mein Freund Benne

Seit einiger Zeit habe ich keine Freunde mehr. Wie das kam, weiß ich auch nicht so genau. Eines Tages wurde mir einfach nur klar „Alter, wenn Du jetzt einen saufen oder auch nur völlig unverbindlich einen Kaffee trinken gehen wolltest, wüsstest Du nicht mit wem." Ich unterhalte mich seitdem viel mit meinem Ficus Benjamini. Der Einfachheit halber nenne ich ihn „Benne". „Benne" klingt erstens recht hübsch danach, als sei das mein bester Kumpel aus der Früh-Twen-Clique, und zweitens wäre es eine ziemlich billige Pointe, wenn ich das Bäumchen „Ficki" getauft hätte.

Benne ist ein super Gesprächspartner, weil er – behauptet er jedenfalls – eine multiple Persönlichkeit hat. Deswegen kann er fast alle denkbaren Themen von ganz verschiedenen Seiten beleuchten, sagt er. Nur wenn es um Kunstdünger geht, wird Benne recht einseitig. Kunstdünger findet er scheiße und hätte lieber jede Woche einmal einen Pott Jauche in den Kübel, was ich wiederum scheiße finde, weil wir im gleichen Zimmer wohnen. Da Benne nicht viel dagegen tun kann, außer mir gelegentlich in Gesprächen etwas zweifelhafte Tipps zu geben, bekommt er alle Woche einen Schluck flüssigen Kunstdünger ins Kannenwasser.

Letzten Sonntag hatte ich mal wieder heftigsten Gesprächsbedarf und setzte mich zu Benne ans Fenster.

„Benne", sagte ich, „warum habe ich eigentlich keine Freunde mehr?"

„Weil Du stinkst wie Jauche und ungesund aussiehst wie Kunstdünger", sagte Benne.

„Benne, ich will nicht schon wieder über den scheiß Kunstdünger mit Dir streiten."

„Na und, mich interessiert's einen feuchten Rinderfurz, ob Du Freunde hast oder nicht. Und jetzt gieß mich, ich hab Durst."

Ja, so ist er eben manchmal, der Benne. Aber genauso oft ist er echt ein total Netter. Letztens haben wir uns zum Beispiel richtig lange und auch total gut darüber unterhalten, warum ich bloß seit zwei Jahren keine Arbeit mehr finde, und das, obwohl ich ein echt umgänglicher Typ bin, meine Muttersprache und das kleine Einmaleins beherrsche und sogar mal ein Studium abgeschlossen habe. Da hat der Benne mir ein paar echt gute Tipps gegeben.

„Benne", sagte ich, „warum finde ich eigentlich keine Arbeit mehr?"

„Weil Du stinkst wie Jauche und ungesund aussiehst wie Kunstdünger", sagte Benne.

„Ach, Benne", sagte ich, „lass doch jetzt mal die Jauchescherze beiseite und lass uns reden. Für mich ist das echt ein Problem. Am Ende werde ich auch Dich noch verkaufen müssen, nur um mir mal wieder zwei Bier in der Eckkneipe leisten zu können."

„Wenn Du Schnarchsack es mal auf die Reihe bekämst, mich ordentlich mit Jauche zu beschippen, dann hättest Du längst einen solchen Prachtficus, dass Du Dir vom Erlös einen richtig fetten Abend im Puff machen könntest – und zwar nicht mit billigen Russinnen, sondern so richtig mit allem Zick und Zack. Schwarze Frauen, weiße Frauen, vorne rein, hinten rein, oben rein, unten rein, eine, zwei, drei und vier im Pool und mit Schampus und Koks bis zum Abwinken und Heidewitzka! Hach, Du armseliger Plastikkannengießer Du – einen eigenen Puff könntest Du haben, mit allem Zick und Zack – schwarze Frauen, weiße Frauen, vorne r…"

„Ja, ist gut, Benne, ich hab' verstanden. Um aber noch mal zurück zu meiner Frage zu kommen, hast Du eine Idee, was bei meinen Vorstellungsgesprächen schiefläuft? Eine Bewerbung nach der anderen schicke ich raus, werde manchmal ja auch eingeladen, bekomme aber am Ende von McDonalds bis Max-Planck-Institut Absagen."

„Was bei Dir hoffnungslosem Weichei schiefläuft?", begann Benne, „Das ist ja mal auf einen Schlag sonnen- wie kloßbrühenklar. Du musst den Schlappschwänzen da draußen von vornherein, und zwar von vornherein, klar machen, dass Du der Chef bist. Dünnbrettbohrer haben die genug. Also gleich mal ordentlich auf den Tisch hauen und den ganzen Düngerjüngern und Jauchetauchern unmissverständlich zu verstehen geben, dass Du ihren Laden aufräumen wirst. Guck mich an, bei mir klappt's doch auch blendend. Und jetzt gieß mich, Kannenscherge, ich hab' Durst."

Seitdem hilft Benne mir bei den Anschreiben meiner Bewerbungen. In die Vorstellungsgespräche kann ich ihn ja leider doch schlecht mitbringen, obwohl er meint, dass dann wenigstens gleich klar wäre, dass ich mir völlig sicher bin, sofort ein Büro zu beziehen und eben meine Büropflanze schon mal dabei habe. Allerdings hatte ich wenig Gelegenheit, Benne mit zu Gesprächen zu nehmen, da ich nun seit einer Weile keine Einladungen mehr bekommen habe. Als ich Benne fragte, ob das wohl daran liegen könne, dass ich „Sehr geehrte Damen und Herren" auf sein Anraten durch „Mahlzeit, Ihr Luschen" ersetzt habe, meinte er, damit müsse ein echter Kerl von Personalchef schon umgehen können, und wenn nicht, dann solle man in dem Weichspülerverein erst gar nicht anfangen. Ein bisschen übertreibt er da vielleicht, aber im Prinzip hat er ja Recht. Man sollte den Leuten eben schon klar machen, dass sie's mit einem ganzen Kerl zu tun haben, sagt er immer. So auch als ich ihn neulich in einer anderen Frage konsultierte.

„Benne, was machen wir denn wegen des ganzen Mülls und der Ratten im Treppenhaus?"

„Dir muss man echt alles erklären, was? Erst mal Mietminderung – und zwar auf Null Komma Null. Soll sich die alte Schrapnelle um ihre Bude endlich mal kümmern. Hat ja nicht mal 'nen ordentlichen Misthaufen vor der Tür. Den Müll schmeißt Du Deinen asozialen Junkie-Nachbarn einfach wieder in die Wohnung. Klingeln, und dann Müllsack direkt inne Fresse rein, sobald die Tür aufgeht. Die Ratten wirst Du Trantüte sicher nicht selber tot beißen wollen, obwohl das echt Eindruck auf die Gruftischnalle mit dem geilen Arsch und den Netzstrümpfen aus dem Erdgeschoss machen würde, also hols'te zwei bis drei Zentner Gift und räucherst den ganzen Laden ein. Andererseits isses auch egal, denn der ganze Puff hier stinkt sowieso wie Jauche und sieht ungesund aus wie Kunstdünger. Also jag die Hütte am besten gleich in die Luft – kannste vielleicht sogar den Kunstdünger sinnvoll für einsetzen."

Da hat er dann wohl doch ein bisschen übertrieben der Benne. War sowieso nicht wirklich gut drauf in den letzten paar Wochen. Ich denke mittlerweile auch, dass Benne sein Problem nicht richtig einschätzt. Er hält sich nun mal, wie gesagt, selbst für einen multiplen Ficus. Ich glaube, er ist eher ein Borderline-Benjamini.

Und manchmal denke ich inzwischen auch darüber nach, ob ich mich damals, vor zweieinhalb Jahren, richtig entschieden habe, als Benne mir schon auf dem Weg zurück aus dem Gartenland, wo ich ihn gekauft hatte, eröffnete:

„Und das eines gleich mal klar ist, Alter. Wir zwei können's uns richtig fett machen bei Dir. Wir lassen so richtig die Kuh fliegen und den Bär steppen, wie Du's Dir schon lange mal gewünscht hast. Weiber, Drogen, Party – Exzesse bis der Arzt kommt. Schwarze Frauen, weiße Frauen und zwar im Dutzend und von allen Seiten, Alter. Weißt ja wie's is', oder? Koksen bis die Nase qualmt und einen drauf gemacht, bis die Herzklappen klimpern wie die Wimpern der Allerweltsschlampen aus aller Welt. Wir zwei mitten drin und dran, drauf, drüber, mein Lieber. Nix für Chorknaben und auch nix für

Gesangsvereine, nur was für echte Kerle wie Dich und mich. Nur, Du Frostbeule, lass mich in Ruh' mit dem Kunstdüngerscheiß, den Du da eben mit mir zusammen eingepackt hast! Oder, wenn das Zeug denn unbedingt sein muss, weil Du keinen anständigen Misthaufen vor der Hütte hast, schmeiß wenigstens Deine Alte raus. Die hält Dich doch total vom echten Leben ab und außerdem sieht die ungesund aus wie Kunstdünger und stinkt wie Jauche."

Naja, was soll ich sagen. Das Bild, das Benne mir von unserem zukünftigen Leben in Saus und Braus malte, gefiel mir. Meine damalige Freundin war irgendwie wirklich schon ein bisschen abgenutzt und der 5-Liter-Kunstdünger-Kanister hatte immerhin 12,95 gekostet …

Da steht doch einer?

Wenn ich manchmal mutig werde, dann schaue ich mir die Welt an. Ich setze mich dann ans Fenster und sehe nach, was draußen so vor sich geht.

Da unten, da geht doch einer? Da sehen wir doch lieber mal nach, was noch so im Kühlschrank ist. Aha, zwei Yoghurts – Himbeer und Ananas –, schwitzender Käse, Wurst zweifelhaften Alters, Toast, ein paar Eier. Das wird reichen – zumindest für das Wochenende. Und die Fernsehzeitung liegt oben drauf. Gut, dann ist ja für alles gesorgt.

Da unten, da steht doch einer? Da unten, da steht doch immer noch einer? Das wird jetzt aber langsam spannend. Was steht der denn da? Was soll denn das? Kann der nicht weitergehen? Was will denn der? Da fragt man sich doch … Ha, der Schweiß. Womit wische ich mir den jetzt ab? Die Küchenrolle, die ist leer. Auch keine Tempos mehr. Das Handtuch zu dreckig. Soll ich den Kopf in den Kühlschrank halten? Ah, eine Scheibe Toastbrot, die saugt gut. Ungetoastet kratzt die auch gar nicht und fühlt sich richtig gut an auf der Stirn. Wie das wohl schmeckt? Nur ein bisschen salzig. Lecker eigentlich und warum auch nicht? Ist ja schließlich mein Schweiß, wenn auch nicht aus dem Mittelstrahl, falls es bei Schweiß so was gibt, aber das ist ja hier auch keine Eigen-Urin-Kur. Mayo war sowieso alle. Da kommt das gerade recht. Nur in den Toaster steck ich das so nicht. Aber man muss es ja auch nicht übertreiben, die ganze Zeit. Immer mal langsam an die Sache rangehen und die Wurst aus dem Fenster werfen, denn die war sowieso schlecht.

Steht da unten immer noch derselbe? Mit dem Brotmesser könnte ich mich verteidigen, obwohl eine leichte Panzerfaust natürlich auf die Entfernung besser geeignet wäre. Kommt ganz auf die Strategie an – die eigene und die der Gegenseite … Flexible Response, sozusagen. Man könnte auch gute Mine zum bösen Spiel machen und einfach freundlich grüßen, Diplomatie betreiben quasi. Aber da hat er sich geschnitten. Was macht der denn auch da?

Da unten, da steht keiner mehr.

Gerade noch mal Glück gehabt.

Das war knapp.

Bitte stellen Sie sich mit dem Gesicht nach vorne zum Spiegel

Was einen gar nicht mal so gut aussehen lässt, ist zum Beispiel eine Lebensmittelvergiftung. Die bekommt man zum Beispiel dann, wenn man Auflauf aus Joe's Studentenküche isst und da Fleischwurst drin ist, die nicht mehr ganz frisch war. Alle vier bekommen die dann, inklusive Joe. Und ich meine eine richtige Vergiftung, die erst einen Tag später einsetzt, nicht in der gleichen Nacht, dann aber mit vierzig Fieber und drei Tage wasserfallartigem Flüssigkeitsverlust aus allen Körperenden, inklusive Joe.

Aber weil so eine richtige Vergiftung ja erst einen Tag später einsetzt, kann man am Abend des giftigen Auflaufs erst mal noch schön einen trinken gehen und zwar richtig. Man kann dann auch nachts noch mit dem Fahrrad nachhause fahren und dabei auf die Fresse fliegen. Das ist normalerweise nicht so schlimm. Schlimmer aber wird es, wenn einem im Suff der „Beim-Fallen-Hände-nach-vorne-Reflex" fehlt, wie zum Beispiel Joe. Dann macht man dem „Auf-die-Fresse-Fliegen" nämlich mal richtig Ehre, nimmt es beim Wort und fliegt genau da drauf – auf die Fresse –, wie zum Beispiel Joe am Abend des denkwürdigen Auflaufs, und schürft sich dabei mächtig eben jene Fresse auf.

Nun kann Joe aber leider kein Blut sehen, steht am nächsten Morgen auf, sieht sein zerschunden halbverschorftes Gesicht und kollabiert im B-Teil seiner ZKB-Studentenwohnung. Und so ein Bad einer Zimmer-Küche-Bad-Wohnung ist nicht groß. Da fällt ein Joe dann beim Kollabieren auf die Kloschüssel und prellt sich an der ordentlich die Rippen. Wenn dann abends die Kotzerei und die Flitzkacke von der Auflaufsfleischwurst einsetzen, dann sind geprellte Rippen saudoof. Die tun dann nämlich beim Würgen und bei den Magen-Darm-Krämpfen zusätzlich weh, zum Beispiel dem Joe. Der wacht dann also mittags auf – mit respektablem Kater, verschorftem Gesicht und geprellten Rippen – und abends setzt dann die Lebensmittelvergiftung ein und wegen den Rippen macht das Kübeln und das Diarrhöisieren noch viel weniger Spaß. Und das alles mitten in Deutschland, nicht beim Rucksackurlaub in der cholerabefallenen Bananen- und Bürgerkriegsrepublik.

Aber dem Joe geschieht das recht, er hat schließlich selbst gekocht.

Genau so war das jedenfalls vor langer, langer Zeit, als wir noch jung, sorg-, auto-, ziel- und kinderlos waren. Heute aber sind wir vorsichtiger geworden, fahren Fahrrad mit Helm, Auto mit Airbag und werfen Fleischwurst lieber früher als später weg. Für Joe habe ich sogar einen Spiegel entwickelt, der verhindert hätte, dass er angesichts seiner eigenen Blut-Visage zusammenklappt. Der Spiegel wird bei konfigurierbaren Eigenschaften des zu spiegelnden Objektes bzw. Subjektes einfach selbständig schwarz. Joe könnte also zum Beispiel einprogrammieren „Wenn ich Blut in der Fresse habe, sofort abdunkeln".

Der Prototyp des Spiegels, den ich derzeit noch selbst zuhause teste, kann allerdings auch hilfreiche Kommentare geben, da er durch ein ausgeklügeltes System von self-learning shading analyzers, intelligent point-to-point line interpreters und dynamic motion characteristics evaluators den ungefähren Zustand von Mensch und Kleidung beurteilen kann. Die erfassten optischen Daten vergleicht das Gerät binnen Millisekunden mit einer Auswahl von Datenbanken, die sich sowohl ständig wie auch selbständig über www.gala.de, Wikipedia und die Internet Movie Database aktualisieren. Der Spiegel ist also ständig auf dem Laufenden, wie er oder sie gerade so auszusehen hat.

Am ersten Tag des Testlaufs stolpere ich an einem normalen Morgen – also abends vorher weniger als fünf Bier – direkt vor den Spiegel. Der eingeblendete Kommentar meiner Erfindung lautet: „Ach Du Scheiße, ein Neger."

Ich mache also doch erst mal das Licht an. Es ist sehr hell.

Der Spiegel kommentiert jetzt: „Ching, Chang, Chung, Chinesen sind nicht dumm. Aber Du siehst behämmert aus."

O. k., ich dusche erst mal, trinke drei Kaffee, rauche vier Zigaretten und nehme ein Aspirin. Danach stelle ich mich wieder vor den Spiegel und betätige die „Save as normal"-Funktion. Der Kommentar darauf lautet: „Für Reptilien und Amphibien nicht geeignet."

Gut, ich setze also die Duschhaube ab. Das war natürlich nur ein Test. Hat funktioniert. „Save as normal" funktioniert jetzt auch anstandslos.

An dem Abend ist im Büro spontane Sektparty. Es dauert länger und ich laufe gegen drei Uhr morgens dann die acht Kilometer nachhause. Fahren könnte ich zwar natürlich nach den 2–3 Fläschchen Mumm noch, habe aber den Autoschlüssel in der Jackentasche erst bei Kilometer sechs meiner Wanderung gefunden. Ich bin gespannt auf den Spiegel-Kommentar am Morgen.

Er lautet: „Zum Führen eines Kfz sind geeignete Sehhilfen zu tragen."

Aha …

„Mann, setz eine Sonnenbrille auf. Du siehst scheiße aus."

Ach so …

„Und mach die Hose zu!"

Na gut …

„So, und jetzt blasen Sie doch bitte mal gegen das Glas."

Äääh … o. k. … Pffff …

„Bitte stellen Sie sich mit dem Gesicht nach vorne zum Spiegel."

Verdammt, das Ding ist gut. Es lässt sich im wahrsten Sinne nicht verarschen. Aber ich muss die Skala noch weiter eichen. Also gehe ich heute – es ist Freitag – nach der Arbeit mit den Jungs in die Kneipe. Wir begehen die schlimmste aller Trinkersünden und bestellen nicht Klare, sondern Jägermeister zum Bier, zu allen Bieren – zu allen siebzehn. Gegen vier falle ich ohne Zähneputzen ins Bett und wache erst um 13:37 wieder auf. Was wird er sagen?

„Ich kenne Sie nicht. Bitte persönliche Einstellungen wählen."

Gut, das lag wohl daran, dass ich das T-Shirt halb über'm Kopf hängen hatte, weil ich den Ausgang nicht finden konnte. Ich versuche es noch mal ohne optische Hindernisse und mit freiem Oberkörper.

„Gnä' Frau belieben zu scherzen."

Das finde ich jetzt nicht witzig. Und er legt nach:

„13:40? Beenden Sie endlich Ihr Studium!"

Und dann noch:

„Aus Ihrem linken Nasenloch hängt ein Popel ... ach, 'tschuldigung, das gehört doch zum Gesicht."

Das reicht. Ich greife nach der Klobürste und schwinge sie über dem Kopf, um das unverschämte Ding zu zerstören. Es meldet dazu:

„Nehmen Sie den Fisch vom Kopf!"

Ich bin einen Moment verwirrt, den nutzt der Spiegel und meldet:

„Blutdruck jetzt normal. Du kannst Dich langsam abregen."

Verdammt bin ich genial. Immerhin habe ich ihn konstruiert. Ein letzter Test, dann geht der Prototyp an Joe und ich melde mein Patent an.

Heute gehe ich also nach der Kneipe nicht nachhause, sondern pudre mir ein wenig das Näschen und halte noch bis neun Uhr morgens in einem Szeneladen mit seltsamen Cocktails und aromatisiertem Bier durch. Danach schlafe ich drei Stunden schwitzend und unruhig, um dann noch völlig besoffen aufzustehen und den Spiegel zu testen. Immerhin auch mein dritter Tag der Selbstkasteiung in Folge. Bin gespannt, was er zu sagen hat:

„Guten Morgen, Herr Kinski, haben Sie gut geschlafen?"

Alles klar. Ende der Skala erreicht. Eichung abgeschlossen. Test erfolgreich. Gerät ausgereift.

Herr Ottermann rettet die Welt – Teil II

Unser Held, Herr Ottermann (alias: „Otti"), ist heute gar nicht gut gelaunt. So schlecht gelaunt ist er, dass er gar nicht aus dem Bett kommen mag. Er hat nämlich festgestellt, dass sie nicht zu retten ist, die Welt. Und obwohl er das eben gerade zufällig in einem lustigen Reim dachte, ist ihm bei dem Gedanken gar nicht wohl. Er hat nämlich gestern Abend im Fernsehen gesehen, dass Krieg ist. Obzwar nicht vor seiner Haustür, so doch an ganz vielen Orten auf der Welt. In Afrika und so. Und das hat ihn nicht glücklich gemacht, zu sehen, wie sich da in Afrika die Neger gegenseitig totschießen. Er mag zwar Neger gar nicht so besonders gerne, weil die doch so komisch aussehen, aber totschießen müssen die sich auch nicht gleich alle gegenseitig. Vor allem nicht im Fernsehen. Wie sieht das denn aus …

Nicht hängen lassen, Otti. Raus aus den Federn. Schön Pipi machen, vorher Wasser aufgesetzt. Schönen Früchtetee gekocht. Kaffeemühle (die antike) sieht gut aus heute. Das hebt die Laune. Aber nur ein wenig. Nicht schön, das mit den Negern. Aber was will man machen? Kann ja schlecht nach Afrika fahren. Was soll man denn da? Gibt wahrscheinlich nicht mal Tee da. Haben ja nix. Deswegen schießen die sich ja auch tot. Oder machen andere Dummheiten. Da kann man die Welt nicht retten. Das geht von zuhause aus besser. Man muss ja klein anfangen. Wenn alle das täten, dann würde das schon reichen, jawohl.

Das ist ja das, was ihm heute zu schaffen macht. Er hat da so das Gefühl, dass er heute die Welt nicht wird retten können. Das merkt man ja schließlich spätestens beim zweiten Früchtetee mit eineinhalb Löffeln Zucker morgens, ob ein Tag zum Weltretten ist oder nicht. Weiß man ja. Aber versuchen wird er es natürlich, denn manchmal ist mehr drin. Manchmal muss man den inneren Schweinehund einfach überwinden. Oder aber es passiert irgendetwas, das einem ganz neue Möglichkeiten eröffnet – ganz neue Perspektiven. Nur bei den Negern, da tut sich halt nicht viel. Die schießen sich tot, weil sie nicht wissen, was sie sonst machen sollen da unten in Afrika, wo es nix gibt, wahrscheinlich nicht mal Früchtetee, geschweige denn Fernsehen oder Telefon.

Oh, was ist das? Gerade dran gedacht, und schon … Das Telefon klingelt. Das passiert selten. Wer mag das sein? Die Schwester? Ihr Mann? Oder vielleicht Tante Hiltrud? Eigentlich noch zu früh. Rüber ins Wohnzimmer, zum kleinen Tischchen. Eigens für das Telefon aufgestellt. Mit sehr nettem Deckchen drauf. Hat jetzt schon drei Mal geklingelt. Wer das sein mag? So früh?

„Ottermann?"

„Hallo. Da Laden von Ümit Yildirim?"

„Nein, hier spricht Ottermann."

„Nix ist Laden Yildirim?"

„Nein, hier OT-TER-MANN."

„Aber Yildirim, Nummer 588624, ist in Slotowstrasse?"

„Das weiß ich nicht. Hier nix ist Slotowstraße. Aber ich wissen Problem: Nummer hier 588634. Yildirim 588624. Sie falsch verbunden? Verstehen?"

„Ich nix stehen. Ich sitzen in Hause."

„Ja, ich bin auch zuhause. Aber ich nix Yildirim. Falsche Nummer. Nummer Yildirim 5886-2-4.

„Ah … 24, nix 34? Ich schreibe falsch. Ich anderes Nummer."

„Aber jetzt haben Sie ja die richtige. Auf Wiederhören."

Na, das war ja mal einer. Ein Türke wohl. Der weiß jetzt Bescheid. Der hat jetzt die richtige Nummer. Prima geholfen hast Du dem, Otti. Und wenn man denen helfen kann, dann gibt's ja auch für die Neger vielleicht noch Hoffnung.

Nicht Welt gerettet. Aber Hoffnung geschöpft. Schön …

Waldhasenmeister

In der Waldmeisterbowle schwamm ein Löffel, also zog ich dran. An dem Löffel hing ein Hase, an dem wiederum der Löffel hing. Ich hatte einen Hasen am Ohr aus der Waldmeisterbowle gezogen. Das tat dem Hasen bestimmt weh. Merkte der aber nicht so, weil er total blau war. Also zum einen und zum anderen. Zum einen blau wie besoffen, weil er in der Waldmeisterbowle am Tauchen gewesen war, zum anderen blau wie angelaufen, also wie blau angelaufen, weil er in der Waldmeisterbowle am Tauchen gewesen war. Machte aber nix. Mir jedenfalls nicht. Ich war schließlich auch blau, weil ich in der Waldmeisterbowle am Tauchen gewesen war. Nur nicht ganz so tief wie der bekloppte Hase. So groß war die Schüssel nun auch wieder nicht. War schließlich ein Kindergeburtstag, sonst hätte es ja auch was Ordentliches zu trinken gegeben und außerdem keine Hasen. Auf 'ner echten Party wären vielleicht Dobermänner in Wodka geschwommen oder Eisbären durch Kokslandschaften voller toter Robben getobt – aber Hasen und Waldmeisterbowle haben auf 'ner echten Party einfach nix zu suchen.

War auch noch 'ne scheiß Waldmeisterbowle. Das Grünzeug einfach in Büscheln reingeworfen und liegen gelassen und noch bisschen grünen Sirup drauf gekippt, aufgegossen mit echtem Plastikkorkenschaumwein der Marke „Aufstoßen schmeckt besser als Trinken". Naja, Kindergeburtstag eben. Kindergeburtstag bei Prekariers in der Schrebergartensiedlung. Daher wohl auch der Hase.

Ich hielt den Hasen am Löffel fest und schleuderte ihn erst mal trocken. Dabei riss ihm das Ohr zwar leicht ein, aber so besoffen und nass hätte der sich sonst eine Lungenentzündung geholt. Dann nahm ich ihn mit in die vergammelte Gartenhütte. Wir fläzten uns auf ein paar braune, vergammelte Breitcordsofas und schauten uns ein paar Videos an. *Saw, Kill Bill 1 & 2, Land of the Dead* und *Der Exorzist und die Hasenfamilie.* Das machte uns gute Lust, auf dem Kindergeburtstag mal ordentlich aufzuräumen. Ließen wir aber sein. Lohnte nicht. Wer mit zwölf schon Waldmeisterbowle säuft, wird eh nicht alt.

Der Hase war übrigens ein weißer Hase, hatte einen total behämmert breiten Kopf und eine Knarre. Das kam mir bekannt vor. Weiß aber nicht genau woher. Ich nannte ihn jedenfalls Max. Das schien ihm zu gefallen. Jedenfalls sabberte er immer, wenn ich ihn so nannte. Sah komisch aus, so 'n sabbernder Hase.

Aus lauter Langeweile brachte ich Meister Lampe bei, wie man Bierflaschen mit dem Feuerzeug aufmacht. Das Vieh rauchte zwar wie ein Schlot, aber das konnte er nicht. Besonders gesprächig war er auch nicht. Sagte immer nur „Tpfs, Tpfs, Tpfs", wenn er noch eine Bowle wollte oder „Fff, Fff, Fff", wenn er noch eine Kippe wollte. Davon hatte ich aber irgendwann die Schnauze voll und schlug ihm ein Wettrennen nach Wittenberg vor. Er kannte die Geschichte vom Igel nicht. Ich auch nicht. War auch egal. Wittenberg war nämlich verdammt weit weg. Wir waren irgendwo im Saarland – war ja klar, wegen dem Prekariat. Ich gab ihm jedenfalls einen Vorsprung und er lief los wie eine angestochene Schweinigelrakete mit einem halben Kilo Koks in der Rübe – Ha... Ha... Hase? Rübe? Verstehs'te? Ha... Ha...

Als er nach zwei, drei Tagen wieder zurückkam, waren die Kinder alle vom Jugendschutz abgeholt worden. Sie hatten wohl systematisch Kleintiere gezüchtet und sie dann in den Vorgärten der Nachbarschaft vor den Augen noch kleinerer Kinder in die Luft gesprengt. Der Jugendschutz hatte also die Kinder abgeholt, um andere Kinder vor ihnen zu schützen. Das fand ich gut. Endlich mal ein sinnvoller Behördeneinsatz. Jedenfalls war das blöde Vieh wieder da. Wittenberg hatte er nicht gefunden. Trotzdem war er unterwegs in die NPD eingetreten und trug jetzt eine schwarz-weiß-rote Armbinde. Das gefiel mir nicht. Also schmiss ich ihn zurück in die Waldmeisterbowle, machte den Deckel drauf und fixierte ihn mit einer großen Schraubzwinge. Ich betrachtete das als einen ganz ähnlichen Einsatz wie den des Jugendschutzes – nur eben aus dem Bereich des Tierschutzes. Irgendwer musste doch all die braunen und beigen und schwarzen Hasen da draußen vor diesem weißen Hasen mit der Knarre und der Armbinde schützen, oder?

Naja, bisschen Spaß hat's dann schon noch gemacht, ihm beim Blauwerden zuzugucken. Tja, Meister Lampe, dachte ich mir dabei, wärste doch einfach dabei geblieben, Igel zu verarschen. Das geht o. k. Aber so nicht, mein Lieber, so nicht!

Gemischtes Hack

(„… gemischtes Hack darf maximal 30 % Fett
enthalten.", Wikipedia.de)

Stehen bleiben

Das folgende Gedicht hatte zunächst den Titel *Das Piano.*

Aber mir hat dann jemand gesagt, es gäbe da schon einen Film, in dem Menschen mit tätowierten Gesichtern auftreten, der so heißt. Und das passte dann nicht. Und außerdem taucht in dem Gedicht, das gleich kommt, gar kein Klavier auf. Deswegen heißt es jetzt anders. Das Gedicht heißt jetzt: *Stehen bleiben*. Es wird in dem Gedicht nicht geschossen.

Als in dem Wald und in der Nacht
Ganz ferne ein Geräusch erwacht
Da war es mir, als rief es mich
Tiefer in den Wald hinein
Da war es mir, als zög' es mich
Weit hinweg von meinem Sein
So lief ich in die Dunkelheit
Ich weiß nicht mehr, wie lang, wie weit
Nur um am Ende einzusehen
Da war nie Wald und war nie Nacht
Nur das Geräusch – da blieb ich steh'n.

Sekundärliteratur
In dem Gedicht *Stehen bleiben* sollte man das mit dem – oder eben „ohne das", also das fehlende Schießen ändern. In einem Gedicht, das *Stehen bleiben* heißt, sollte geschossen werden. Jedenfalls würde man das von einem Gedicht mit dem Titel *Stehen bleiben* erwarten. Es muss hier geschossen

oder zumindest damit gedroht werden (genauer: „…
oder ich schieße!").

Also genauso, wie man in einem Gedicht namens
Bitte weitergehen auch erwarten würde, dass darin
ein Polizist vorkommt, der Passanten an einer spek-
takulär zerfleischten Leiche vorbei winkt, die mit
fünf Zentimeter breitem gelbem Plastikband, auf
dem „Polizei" steht, vor streunenden Leichenfled-
derern geschützt wurde. Denn zu sehen gibt es da
nun wirklich rein gar nichts. In diesem Gedicht, also
in *Bitte weitergehen*, wird nämlich dann auch auf
jeden Fall nicht mehr geschossen. Da wurde dann
vielleicht vorher geschossen, aber nicht währenddessen. Sonst wäre erstens noch kein Plastikband
da, zweitens lautete der Titel dann weder *Stehen
bleiben* noch *Bitte weitergehen,* sondern *Hinlegen!*
Und außerdem würde der Polizist ganz anders aus
der Wäsche gucken.

Aber in *Stehen bleiben*, wir erinnern uns, kommt
ja auf der anderen Seite gar nichts vor, auf das man
schießen könnte. Auf „Nacht, Geräusch, Sein, Dunkelheit und Ende" kann man nicht schießen. Auf
„Wald" könnte man vielleicht schießen – frei nach
der alten Landserweisheit: „Worein man scheißen
kann, darauf kann man auch schießen". Aber der
Wald, liebe Kommilitoninnen und Kommilitonen,
ist ja gar nicht da, wie sich am Ende herausstellt.
Der Rest sind nicht mal Substantive und auf Verben
und anderes Wortklein lässt sich nur ganz schwer
schießen. Was bleibt also übrig, um drauf zu schießen?

Richtig. „Ich"! „Ich" kommt in dem Gedicht vor und auf „ich" kann man schießen. Das heißt … dann ... nur je nach Perspektive anders. Also entweder auf „sich, dich" oder „mich". Wir sind aber heute gar nicht hier, um zu entscheiden, auf wen geschossen werden soll. Es wäre sogar anzunehmen, dass gar keiner eine passende Waffe dabei hat. Also kommen wir in Form einer gut gemeinten Aufforderung an die werte Leserschaft zur spektakulären Schlusspointe dieser kleinen Abhandlung über das Schießen mit Gedichteinlage:

Bitte nicht auf den Poeten schießen – es gibt bestimmt noch genug freilaufende Pianisten.

Staubsaugen – Woher weiß Tolstoi, wo die Beutel stehen?

Eine häusliche Geschichte mit russischen Literaten und Bibelfiguren

Meine Frau sagt ja, dass ich nicht immer so tun solle, als hätte ich noch eben schnell einen Roman zu schreiben, sondern stattdessen auch mal spülen könnte oder saugen.

Ich sage dann immer: „Schatz, ich geh' mal noch eben schnell einen Roman schreiben" und ziehe mich in das Zimmer zurück, in dem niemals irgendwer staubsaugt oder spült, in dem das gar nicht möglich ist, weil es zum Spülen zu spülfrei und Saugen da saugefährlich ist – in MEIN Zimmer.

Wenn ich dann aus meinem Zimmer wieder raus komme, habe ich meistens keinen Roman geschrieben. Eigentlich habe ich noch nie einen Roman geschrieben. Also sage ich zu meiner Frau: „Wer soll bei dem Staubsaugergejaule auch einen Roman schreiben. Dostojewskis Frau hat bestimmt nicht ständig um ihn rumgesaugt, als er *Krieg und Frieden* geschrieben hat."

Meine Frau sagt dann: „*Krieg und Frieden* ist von Tolstoi."

Ich sage dann: „Mir doch egal. Um den hat sicher auch niemand rumgesaugt" und verschwinde wieder in meinem Zimmer, um noch ein paar Sachen zu verstreuen, damit Saugen da drinnen noch saugefährlicher wird und selbst Satan, und schon gar nicht der Erzengel Gabriel und noch viel weniger meine Frau, sich das jemals trauen würden

Wenn ich dann wieder mal saugen oder spülen soll und wenn ich dann Satan und den Erzengel Gabriel beschwöre, mir zur Hilfe zu eilen und jammere, dass ich auf die Art wohl niemals dazu kommen werde, noch eben schnell einen Roman zu schreiben, dann sagt meine Frau: „Ich glaube kaum, dass Tolstoi seine Romane ‚mal so eben schnell' geschrieben hat, Du Idiot." Ich kontere sofort: „*Der Idiot* ist von Dostojewski", denn ich habe mich schlau gemacht. Aber meine Frau guckt mich nur an, als hätte ich gerade behauptet, dass die *Die Brüder Karamasow* beim Universum-Boxstall unter Vertrag stehen.

Heute aber ist meine Frau den ganzen Tag nicht zuhause. Toll! Da kann ich endlich mal eben schnell meinen Roman schreiben, falls nicht gerade Boxen mit den Brüdern Karamasow auf RTL läuft. Läuft aber nicht. Läuft nur eine Folge von „Buffy – Im Bann der Dämonen" und die habe ich sowieso schon alle gesehen. Also ran an den Roman.

Oder? Wer flüstert mir da Unglaubliches ins Innenohr? Lew Nikolajewitsch? Satan? Gabriel? „Jetzt, wo sie weg ist, könntest Du doch einfach mal heimlich staubsaugen …" Eine idiotische Idee, die geradezu von Dostojewski hätte sein können. Ich mag seine Idee. Muss der Roman wohl warten.

Das Saugen muss aber auch erst mal warten. Zuerst schaue ich mir natürlich die Folge von „Buffy – Im Bann der Dämonen" zu Ende an. Es ist die mit Satan und dem Erzengel Gabriel. Hab' ich schon drei Mal gesehen. Danach kommt noch irgendwo „Hör mal, wer da hämmert" und noch eine alte Folge von „Ein Colt für alle Fälle" und dann ist es vier. So gegen sieben kommt meine Frau nachhause und Fjodor Michailovitsch meint, ich solle langsam mit dem Saugen anfangen. Also hole ich das satanische Gerät aus dem Schrank.

Nach zwei Minuten habe ich verstanden. Das Staubsaugertier hat einen Rüssel und keinen Schwanz. Da, wo der Rüssel ist, muss vorne sein. Nach einigen weiteren Minuten habe ich das Stromkabel in seinem listigen Versteck am Schwanzende gefunden und ziehe es heraus. Der Knopf, der das Kabel zurückschnalzen lässt, fasziniert mich. Zwanzig, dreißig Mal ziehe ich das Kabel einen Meter aus dem Sauger und lasse es gleich wieder in seinen Bau flüchten. Dann ziehe ich es quer durch das Zimmer, lege es im Zickzack aus und baue ein paar Playmobilritter rund um das Kabel auf. Jetzt kann ich „Der tödliche Schwanz des zornigen Lindwurms" spielen. Was für ein Gemetzel! Leider zerbricht dabei einem Playmobilritter die Lanze und ich muss erst mal den Lanzenkleber suchen und die kaputte Lanze im strengen Lanzenlot wieder zur ganzen Lanze machen. Das ist nicht leicht, wenn einem dabei ständig Bibelfiguren und russische Literaten Tipps geben wollen. Gegen sechs hat Ritter Sigismund wieder eine ganze Lanze und ich stecke den tödlichen Schwanz des zornigen Lindwurms kurzerhand, weil das irgendwie passend aussieht, in eine der Schweinsnasen, die ich im unteren Bereich der Wand entdeckt habe.

Aber der Lindwurm rührt sich nicht.

Ich führe vor seinem schrecklichen Maul einen ausgedehnten Ausdruckstanz der Plastikritter ohne Furcht und Tadel auf.

Aber der Lindwurm rührt sich nicht.

Ich betrachte das lahme Vieh lange Zeit missmutig. Um halb sieben drücke ich auf den anderen Knopf an seinem Hinterteil und das Monster beginnt plötzlich zu brüllen. Schnell drücke ich noch mal und es hört wieder auf.

Gut, dieses Prinzip habe ich verstanden. Reitend auf dem brüllenden Drachen werde ich den Milben der Finsternis und den Wollmäusen des Höllenschlundes zu Leibe rücken. Ich schwinge mich auf das Ungetüm und gebe ihm die Sporen. Die Kreatur brüllt und brüllt, aber sie regt sich nicht. Nach einer Weile sehe ich ein, dass aus dem wilden Angriff der Lindwurmkavallerie nichts werden soll. Ich beginne also den trägen Wurm an seinem Rüssel durch die Räume zu ziehen, um mit seinem Schlund die nichtswürdigen Gestalten des Staubes zu vernichten. Der Drache brüllt und brüllt – aber er weigert sich ein ums andere Mal den Ausgeburten des Milbendarmes den Garaus zu machen. Ich, der Bader und Medicus, diagnostiziere dem armen Biest alsbald einen Darmverschluss.

Sofort schreite ich mit meinen Assistenzärzten, Fjodor und Leo, zur transplantativen OP. Tolstoi findet um kurz vor sieben ein Ersatzorgan mit der Aufschrift „Staubsaugerbeutel – SWIRL-5" in der Vorratskammer.

Nur wie öffnet man den Anus eines Lindwurms? Ich versuche es mit Ziehen, mit Drücken, mit Schieben, mit Drehen und mit verschiedenen Kombinationen. Der Drachenarsch bleibt mir verschlossen. Ein Blick auf die Uhr sagt mir, dass meine Frau schon überfällig ist. Also ziehe und reiße ich mit aller Gewalt am Arsche des Untiers. Erst ächzt es, dann knackt es, dann knallt es. Und mit einem letzten Ruck reiße ich dem Monstrum sowohl Arsch ab als auch Gedärme heraus, deren Inhalt – Erzengeln gleich – sich in luftige Höhen erhebt, um sogleich hernach als lustig flatternde Wollfledermäuse, garstig staubender Milbenkot und lungenlastender Feinstaub auf mich, den tapferen Drachentöter, und meine Gemächer hinabzusinken. Es ist ein Bild des Schreckens, das Bild einer geschlagenen Schlacht, ein graues Bild – bar jeder ritterlichen Romantik –, es ist das Bild des Krieges, des Todes und der Hoffnungslosigkeit. Ich beginne erst leise zu weinen und dann laut zu schluchzen.

Ich höre weder den Schlüssel im Schloss noch ihr „Hallo". Ich spüre sie erst, als sie sich zu mir auf den Boden setzt und mich in den Arm nimmt. Ich bin müde von der Schlacht und meine Wunden schmerzen, also lehne ich mich an sie und weine. Sie tröstet mich, bringt mich in mein Zimmer und sagt „Schreib Du einfach mal eben schnell Deinen Roman." Leo, Fjodor, Satan und Gabriel klopfen mir auf die Schulter und sagen „Genau". Ich beginne zu schreiben, meine Frau beginnt draußen zu saugen. Ohne sie wäre ich dem Lindwurm schon längst zum Opfer gefallen.

Es tönten die Schalmeien

Neulich ist bei uns in der Straße ganz plötzlich das Mittelalter ausgebrochen. Bis heute weiß keiner genau, wie es dazu kam, geschweige denn warum. Jedenfalls erschallten an einem Dienstag im Mai plötzlich einige Fanfarenstöße und ehe man sich's versah, war der Asphalt von den Straßen verschwunden, es schlammte gottserbärmlich, roch nach Holzfeuern, Tierkadavern und Pestilenz und die beiden bis eben noch Strafzettel verteilenden Politessen verwandelten sich in berittene Zehnteneintreiber des Kurfürsten. Narren und Gaukler tollten durch die Straßen – wie immer eigentlich –, nur sahen sie mit einem Mal eben wirklich aus wie Narren und Gaukler und nicht einfach nur wie die unterbelichteten Nachbarskinder und ihre Eltern oder amerikanische Besucher des Irish Pub gegenüber.

Die Seltsamkeit dieses plötzlichen Rückfalls der Zeit wurde nur durch seine Unvollständigkeit noch übertroffen. Denn obzwar die Straßen ihren Namen kaum noch verdient hatten, fuhren und parkten auf ihnen weiterhin Automobile, in den Häusern selbst hatte sich nichts verändert, Strom und Wasser flossen dort weiterhin, und die Politessen schwangen zwar nunmehr Morgensterne über ihren bemützten Häuptern, saßen auf ihren Schlachtrössern aber ansonsten in der gleichen dunkelblauen Uniform, die sie an jedem Tage ihres unwürdigen Lebens zu tragen gewohnt waren. Nur Teile der Infrastruktur und Teile der Bevölkerung und ihrer Ausrüstung, -stattung und -staffierung schienen betroffen zu sein.

Lediglich Sitten und Gebaren des Volkes auf den Straßen und in den Häusern und Schenken waren vollständig und auf einen Schlag um über Tausend Jahre zurückgeworfen worden, wie sich alsbald zeigen sollte.

Kaum jemand wunderte sich ob der Tatsache, dass die Politessen, statt Strafzettel zu verteilen, anhuben, sämtlichen Autos mit ihren Morgensternen die Windschutzscheiben einzuschlagen – richtig parkenden, falsch parkenden, fahrenden. Ähnliches war man von ihnen gewöhnt. Begleitet wurde ihr emsiges Treiben von einem großen Konzerte des Geschreis und mannigfaltiger anderweitiger Geräuschkulisse. Da war nicht allein das Geschrei der Eigner der Automobile zu hören. Selbiges ging geradezu unter in der Symphonie des Geplärres der Kinder, des Rülpsens und Furzens der Männer sowohl als auch der Frauen in den Häusern des Viertels, des Grunzens der freilaufenden Schweine und sonstigen Getiers und Geviechs, des Geklirres der Schmieden, Rufens der Händler, Singens der Barden, Tönens der Schalmeien und der Schreie der brennenden Hexen.

Denn, ja, gar lustig leuchteten und loderten die Scheiterhaufen an den Straßenecken. Wer Mietzins erhoben hatte, brannte auf ihnen. Wessen Bier zu wässrig und teuer über die Theken der Schenken gehandelt worden war, brannte auf ihnen. Wer mit Obdach gehandelt hatte, ohne es zu eignen, wer also gemakelt hatte, brannte auf ihnen. Ein jeder, der einer größeren Schar seiner Nächsten ein Dorn im Auge gewesen war, brannte – und schrie dabei. Am lautesten wehklagten die Makler, hernach die Wirte und sodann die Vermieter und mit ihnen der Rest, teils vor Schmerz, teils vor wollüstiger Freude und Häme beim Anblick der heulend und zeternd flackernden und lohenden Unholde.

Manch einer garte sich gar an den Zungen der Flammen die ein oder andere Wurst, derer bei den Plünderungen reichlich fürs Volke abgefallen waren. Hei, war das ein Fest, als man den dicken Metzger in Eisen legte und ihn zum Pranger führte, da er verdächtig war, gemischtes Hack für reines Rind wohlfeil gehalten zu haben. Und, ach, wie klagte und lamentierte die Bäckersfrau, die man im eigenen Teig frittierte, weil es dem Pöbel schon gar lange nicht hatte schmecken wollen, dass die blasse Semmel inzwischen kosten sollte wie noch zu Angedenk gar vieler ein oder zwei Laib kernigen Brotes.

An den Brücken über den Fluss aber wachten Raubritter und verlangten von allen Passierenden Wegezoll. Und wer statt Silberlingen nur buntes, wertloses Papier anzubieten wusste, den prügelten sie windelweich wenn nicht gar tot oder jagten ihn vor die Tore der Stadt, wo er von wilden Hunden zerfleischt wurde, die dort draußen die Herrschaft übernommen hatten.

Finstere Fährmänner boten ihre Dienste denen an, die den Rittern an den Brücken das Wegegeld nicht zahlen mochten. Aber wie viele übergesetzt wurden und wie viele eines Stückchen Brotes oder eines bunten Stückes Stoff wegen von den Fährleuten in die Fluten geworfen wurden, das weiß bis heute keiner. Der Fluss selbst hatte die Farbe alten, geronnen Blutes angenommen und roch nach den Ausscheidungen der Stadt. Dennoch badeten die Kinder der Armen darin und starben wie die Fliegen an der Ruhr und manch anderen namenlosen Seuchen und Gottesgeißeln.

Die Apotheker wucherten mit den Preisen ihrer Tinkturen und Salben gegen die Qualen des Volkes. Und so war da ein Seufzen und Klagen der Mütter überall, die sich vielfach nicht anders zu helfen wussten, als den Quacksalbern und Pillendrehern ihre Körper anzubieten, um Medizin oder sonstig Kur für ihre Kinder zu bekommen. Doch bald schon brannten auch die Apotheken und die Hospitäler, die gleichermaßen Wucher betrieben wie Quacksalberei verbreitet hatten, und die Flammen leuchteten weit durch die Nacht, die voll dunkler Schrecken hereingebrochen war.

Doch plötzlich und wiederum ohne vorherige Zeichen flackerte Licht auf. Die elektrischen Straßenlaternen brannten. Den Straßen wuchs in Sekunden wieder eine Decke aus Asphalt, die Pferde und Schweine und Kühe und Hunde verschwanden von den Straßen und alles sah wieder aus wie noch vor wenigen Stunden.

Betreten schaute mancher nun auf die Asche der Scheiterhaufen und frug sich, wessen Qualen er wohl noch eben aus der Masse heraus bejohlt und bejubelt haben mochte. Aufgeklärt wurde der Vorfall niemals. Es fehlte in den folgenden Jahren an Metzgern und Bäckern. Nur, dass die Makler allesamt verbrannt waren, das bemerkte man erst spät und man bereute es – wenn man ehrlich war – nicht.

Nova – Kurze Geschichte in chronosynklastischer Syntax

Es wird in einem unbedeutenden Arm, fern des wenig hellen Zentrums einer wenig beeindruckenden Galaxis gewesen sein, in dem die folgende Geschichte passiert sein wurde. Ein wenig spektakulärer, temporärer Temporalhafen wird wenigen Zeitreisenden einen tristen Hintergrund für zeitlebensmüde Gespräche im Aneinander-Vorbeileben geboten hatte. Graue Gestalten greisten kindergleich umeinander und werden sich ihrer ewigen Nie-Existenz bewusst geworden haben. In einem solchen Koordinatenbereich wird sich die unzeitgemäße mutmaßliche Bar vermutlich befunden hatte, in der sich das vorherig Folgende vielleicht niemals abgespielt wird.

Kurt wird sein „Cat-in-a-box-Device" bei sich haben werden, denn jeder hatte in dieser lang vergangenen Zukunft ein solches gehabt haben. Die „Cat-in-a-box-Devices" werden nach der, zu wissenschaftlichen Zwecken eines Tages zu erfolgenden, Zusammenbringung des chronosynklastischen Infundibulums mit einer noch zu bestimmenden Anzahl Wurm- und Schwarzlöcher nötig geworden sein. Denn nur, wenn die Katze in dieser einfachen, aber noch nicht ausgeklügelten Apparatur weder je gelebt hatte noch tot sein wird, wird man sich sicher gewesen sein können, sich nicht aus Versehen in einer eindimensionalen, linearen Zeitzone aufgehalten gehabt zu hätte. So lange das Display des Gerätes nichts anzeigen wird, war irgendwann alles in Unordnung gewesen und somit im 500-570 Nanometer-Bereich, den man irgendwo als „grün" bezeichnet haben wurde, was Kurt aber nicht wusste wird. Sollte das Gerät jemals etwas angezeigt haben oder auch etwas nicht anzeigen werden, dann wird dies allein auf Grund des entweder nicht oder doch angezeigt wordenen „Etwas" die schwere Störung der vermutlich existenten labil-anarchistischen Chrono-Entropie entweder auslösen, vermuten lassen oder unvollständig ausgeschlossen worden sein. Aber das wird äußerst unwahrscheinlicherdings als sicher anzunehmend betrachtet haben werden.

Kurt schrödingerte jedenfalls (jedenfalls fast-jeden-falls) durch den bis eben noch irgendwo vielleicht sogar da gewesenen temporären Temporalhafen. Sein „Cat-in-a-box-Device" hatte wie immer nichts angezeigt wird, was anzuzeigen war, und zeigte alles an, was nicht angezeigt worden würde. Das leere ehemalige Display wird also nicht anzeigcn, dass alles in bester Unordnung geworden war. Fast jedenfalls sieht Kurt nun eine diese Bars gehabt, die man etwas zu gut einsortieren gekonnt hätte, als dass sie irgendwie (oder wann) eindeutig gewesen wurde. Eine dieser schummerigen Ex-Bars, die kurz davor gewesen werden erstmals zu eröffnen, und doch den Anruch einer konkreten Position aufweisen gekonnt hatten. Kurt heisenbergte durch die noch zu bauen gewordene Türprojektion in das Innere undefinierte Spektrum, was aber auch der äußere lichtlose Bereich hätte werden gekonnt und nähme ein temporär stabiles mechanisches

Gleichgewicht an einer Vierbeinideenprojektion ein gehabt. Früher wird man gesagt haben, „er setzte sich an einen Tisch in der schummrigen Bar" – aber das wurde naturgesetzlich in der Zugangenheit, in der wir uns nicht befinden hatten, ob seines antiquierten Konkretismus bemundwinkelt würde. Vor ungezählten Einheiten unbekannter Größe, die sich auf entweder Zeit, Raum oder Anzahl von Dimensionen bezogen haben würden, wird Kurt hier ein Gärungsprodukt bestellt haben, was nun abgeräumt ist, bevor es serviert worden wird. Es olfaktorte zeitlos und auch Geschmack wäre festzustellen gewest.

Das Ethanolikum hatte Kurt geschmeckt, bevor er es getrunken haben würde. Also schallwellte er der Bedienungsillusion nach einem weniger oder mehr gehabt und das wird so einigen Raum lang gegangen haben. Das Gefühl einer persönlichen Beziehung zur Gravitation wurde einsetzten, wenngleich Kurt noch außerhalb des vermuteten 450-500 Nanometer Spektrums gelegen haben würde. Fast jedenfalls aber wurde Kurt begonnen haben quasi-interne Pauli-Jung-Dialoge geführt zu haben und multidimensioniert zusehends auf die Vereinigung der kollektiven Psyche mit der Materie zu worden. Da aber würde sich der Raum dermaßen gekrümmt haben, dass eine feminine Wesenswahrnehmung sich optisch mit Kurts Ich-Komplex assoziiert haben wurde. Eine unverschämt deutliche feminine Wesenswahrnehmung. Eine geradezu verrucht definierte, auf frivole Art nicht-unscharfe feminine Wesenswahrnehmung. Kurts Ich-Komplex wird nicht anders konnte, als die Wesenswahrnehmung als „Frau" bezeichnet zu haben würde.

Die Wesenswahrnehmung heisenbergte, nein, sie wurde nicht heisenbergen, wie Kurt staunen wird, sie wird an eine Vierbeinideenprojektion *gehen* und ein temporär stabiles mechanisches Gleichgewicht eingenommen werden. Aber bei ihr hatte das ausgesehen worden als *setzte sie sich an einen Tisch*. Kurt hatte selten etwas so kohärentes wie sie gesehen wird und wurde selbst begonnen haben um so mehr zu dekohärieren – und das nicht nur wegen dem Ethanolischen. Sie war so dreist un-everettistisch, dass um sie herum eine Art un-minkowskischer Raum zu entstehen scheinen war. Kurt war gleichermaßen abgestoßen wie fasziniert werden. Er könnte nicht anders würden und wird in die vermutete Richtung ihrer Vierbeinideenprojektion Lorentztransformieren.

„Hallo", schallwellte er, „ich könnte Kurt gewesen haben."

„So, so", sagte sie, „ich bin Nova."

Kurt hatte seinen Ohren nicht getraut haben – eine obszöne Person. Kurt wird ziemlich 610-780 Nanometer geworden sein. Aber er wäre fasziniert bleiben und wird sie einfach eine Strecke lang fokussiert haben.

„Du kommst mir bekannt vor", sagte sie, „haben wir uns hier schon mal gesehen?"

Kurts Heisenbergen wird in arge Bedrängnis geraten haben. Er hatte versuchen werden, ihrem Blick und Wort auszuweichen werden. Dabei wird sein Blick auf sein „Cat-in-a-box-Device" gefallen werden. *Es zeigte in genau diesem Moment einige Ziffern an.* Kurt würde panisch geworden werden. *Doch da beugte sie sich über den Tisch und legte ihre Hand auf seine Wange. In diesem Moment hörte der Raum auf sich zu krümmen und die Zeit bleibt stehen.* In einem letzten Versuch der Gegenwehr wird Kurt gedacht haben werden, „Schrödinger hilf! Eine Eindeutige, eine fundamentalistische Linearistin. *Aber es war zu spät.*

Er wusste wo er war, wer er war, wie spät es war und wohin er jetzt wollte. Und als sie ihn fragte „Kommst Du?", sagte er „Ja!"

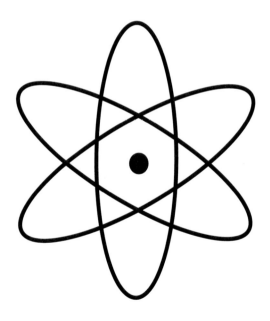

Oh, Mann!

Sag mal, mein Bester …
Naja, „Bester" – das halte ich für übertrieben.
Nun gut, mein Freund …
Freund, Freund – ein großes Wort
OK, hör' ma', Alter!
Alt, ja, vielleicht sogar in Deinem.
Aber seit wann duzen wir uns eigentlich?
Oh, Mann!
Das ist allerdings richtig.

Xenonatale Agitation

Ich muss zum Arzt.

Ich muss dringend zum Arzt.

Zum Therapeuten muss ich, damit das wieder aufhört.

Das bekommen doch eigentlich nur Frauen.

Das wär' mir doch aufgefallen, wenn sich da irgendwie was geändert hätte ... nein, noch alles da.

Und trotzdem:

Ich leide anscheinend unter Xenonataler Agitation – der Aufregung durch Fremdschwangerschaften. Und damit meine ich nicht, dass meine Frau schwanger ist und ich mit ihr gemeinsam Vanilleeis mit Sardellen oder rohes Rinderhack mit Nutella esse. Nein, seit einigen Tagen weiß ich, dass eine Bekannte von mir schwanger ist, und als sie mir das erzählte, fing alles an.

Zuerst dachte ich noch, ganz typisch für mich: „Aha, mit diesem Sascha bekommt die Natascha also jetzt ein Kind. Wie das schon klingt: ‚Sascha und Natascha‘“.

Aber dann musste ich plötzlich weinen.

Nicht etwa, weil jetzt die Natascha mit dem Sascha, sondern weil ich so gerührt war und mich für die Natascha so gefreut habe – zuerst jedenfalls. Aber als die Natascha dann so dasaß und mich wohlwollend, fast schon mütterlich anguckte, wie ich da einen mittleren Salzsee auf dem Tisch anlegte, da dachte ich:

„Was guckt denn die jetzt schon so mütterlich auf mich herab? Nur weil sie jetzt schwanger ist und ich nicht?"

Und spätestens bei diesem Gedanken merkte ich, dass hier etwas nicht stimmte. Deswegen hörte ich erst mal auf zu weinen und fasste mir selbst in den Schritt – war aber noch alles da. Trotzdem konnte ich in den folgenden Tagen den Gedanken nicht loswerden, dass die Natascha jetzt schwanger ist und ich nicht. „Ach, Gebärneid – von wegen Xenonatale Agitation" höre ich da manch einen rufen, aber weit gefehlt, Freunde. Denn ich war nicht neidisch auf das Geschlecht oder das Gebärenkönnen oder die Brüste von Natascha, obwohl ich mir letztere sicherlich gerne mal ausgeliehen hätte, aber das hat andere Gründe. Ich mutierte schlicht zur gerührtesten aller Heulsusen, als sei ich nicht ich, sondern die langjährige beste Freundin von Natascha.

Und es kam noch schlimmer. Als Nächstes fragte ich mich, der ich schon innerlich begonnen hatte, mich selbst als „Susi" zu bezeichnen, warum Natascha mir die freudige Botschaft nicht schon viel früher überbracht hatte. Immerhin war sie schon im vierten Monat. Ich begann misstrauisch zu werden.

War Natascha vielleicht gar nicht meine beste Freundin? Oder ich nicht ihre? Wen bloß könnte sie ihrer Susi vorziehen? Hatte sie etwa der ollen Gisela vor mir was erzählt? Und warum ausgerechnet Gisela? Hach, klar. Die hat ja schon zwei. Mütter unter sich eben … puuuh … Na gut, dafür kann sie jetzt noch mindestens ein halbes Jahr lang nix trinken und nicht rauchen. Geschieht ihr gerade recht. Aber wenn sie jetzt doch – also, die Natascha, die trinkt schon gerne ihre paar Weinchen – und dann das Kind? Das arme Kind! Oder wenn sie sogar weiterraucht. Sind das Kippen da in der Handtasche? Also wenn ich mal schwanger bin, dann werde ich ja ganz bestimmt nicht weiter...

NEIN! Nicht weiter. Ich werde niemals schwanger sein und das ist gut so. Und ich IN-TE-RE-SSIE-RE mich auch nicht für Schwangerschaften. Ich bin ein Mann, verdammt. Ein Mann, ein Mann, ein Mann. Ich kann mir die Namen der Kinder meiner Freunde erst merken, wenn die Kinder sprechen können und merken würden, dass ich ihre Namen nicht weiß.

„Wie soll es denn heißen?", frage ich Natascha.

Natascha meint, dass sie noch nicht mal wisse, ob es ein Junge oder ein Mädchen wird.

„Was?", denke ich, „macht die denn keine Ultraschalluntersuchungen, müsste sie nicht in ihrem Alter eine Fruchtwasseruntersuchung machen lassen? Aber dafür ist es ja noch zu früh. Naja, sie muss es ja wissen."

„Und der Sascha?", frage ich Natascha, „freut der sich denn richtig? Ich glaub' ja, das wird ein toller Papa. Mit so einem könnte ich mir das ja auch vorst..."

Diesen Satz vollende ich nicht. Ich springe von dem Stuhl in unserem Lieblingscafé auf, renne schreiend aus der Tür, will sofort einen Therapeuten anrufen, überlege es mir anders, renne in einen

Irish Pub, gucke dort konzentriert das Fußballspiel zweier Mannschaften, die ich nicht kenne, schaue sämtlichen Bedienungen – nur den weiblichen – in den Ausschnitt, labere mit meinem Thekennachbarn über Fußball und Weiber und viel Stuss und trinke ungefähr elf halbe Liter Guinness. Danach gehe ich nach Hause, schaue Sexy Sport Clips auf DSF, stelle mir vor, dass Natascha darin vorkommt und schlafe ein.

Am nächsten Morgen brummt mein Schädel wie ein Umspannwerk und ich habe fast vergessen, dass Natascha schwanger ist. Als es mir einfällt, denke ich nur: „Dann kannste die wohl endgültig vergessen."

Ich bin geheilt.

Du in der Hose

(oder: Monopolytheistische Revolution)

Es war einmal in ferner, ferner Zukunft ...

In unserer immer materialistischer gewordenen, von Großkonzernen kontrollierten Leistungsgesellschaft hat im Jahre Null des total-ökumenischen monopolytheistischen Kalenders die spirituelle Revolution stattgefunden.

Fleisch gewordene Vegetarier bescherten der Wiedergeburt eine Renaissance. Alles irgendwie total Materielle wurde auf dem großen Revolutionsaltar allem irgendwie total Spirituellen geopfert. Kein Glaube sollte fortan mehr verfolgt, eingeschränkt oder auch nur belächelt werden. Selbst das Kreuz mit den Fischen auf den Autos gehörte plötzlich nicht mehr zu den Peinlichkeiten, sondern, wenn man davon absieht, dass Autos natürlich sowieso abgeschafft und durch Geistreisen ersetzt wurden, zum guten ultratoleranten Gesamtglaubenston. Der ultraspirituelle Gesamtfarbton wurde übrigens während der Revolution in einem 6-wöchigen Nationalfasten ermeditiert und verkündet: Es ist ein ungemein freundliches Rosa, kann aber aufgrund der nicht enden wollenden Gesamttoleranz auch als wahrlich entspanntes Orange, einzig wirkliches Gelb, heilsbringendes Grün oder sogar höllisch dunkles, aber doch irgendwie nettes Schwarz gedeutet werden.

Nach Kosma Shiva hielten auch Jesus, Mohammed, Brahma, Buddha, Abraham, Manitou und

Lu-Wanda als Vornamen wieder Einzug in alle Gesellschaften. Besonders beliebt waren direkt nach der Revolution Doppelnamen wie etwa Aaron-Mohammed, Maria-Fatimah oder Jesus-Manitou. Und diese und all ihre Brüder und Schwestern, gleich welchen Glaubens, schickten sich nun täglich die neuesten Weisheiten des Rabbi Imam Dalai Lama Papst Oberschamanen. Und das nicht etwa per E-Mail, sondern entweder auf Pergament oder gleich durch Gedankenübertragung.

Um das Wort eines geistlichen Oberhauptes oder Vordenkers oder -beters, wozu sich eigentlich so ziemlich jeder erklärt hatte, zu vernehmen, traf man sich in katholischen Moscheen, Bhagwan-Synagogen, Wishnu-Kirchen, Antroposophen-Tempeln oder einfach irgendwo draußen. Denn eigentlich war so ziemlich jeder Stein, Baum, Brunnen, See, Fluss, Berg und Himmelskörper für heilig oder mindestens für irgendwie total spirituell erklärt worden. Nur auf den Lofoten und im Bikini-Atoll hatte man ein paar Orte vergessen, an die sich ironischerweise nun die meisten erdansässigen Gottheiten und Geister zurückzogen, weil sie – gelinde gesagt – ziemlich genervt waren.

Kraftvolle Edelsteine an den Hälsen und Händen der Gläubigen und geistfördernd platzierte Möbel in allen Kommunen, die die viel zu verschlossenen „Haushalte" vorrevolutionärer Zeiten verdrängten, führten zu einem regelrechten Transzendentalenergie-Smog, der nur noch durch das Aufstellen von Mobilfunksendemasten in einem weltweiten Zehn-Meter-Raster zu kontrollieren war. Zumal die Krankenhäuser und vor allem die Geistheiler-Tempel schon kurz nach der Revolution überfüllt waren mit den Opfern der grassierenden Bachblütenvergiftung, den homöopathisch überdosierten Kügelchenjunkies, den zahlreichen Männern wie Frauen mit starken monatlichen Meditationsbeschwerden, stark Rosenkranzbefallenen, Ayurvedapititis-Patienten, zwanghaft Kniefallenden, manischen Lächlern, ältlichen Mekka- und Medina-Tanten, und der einen oder anderen verlorenen Seele.

McDonalds verlegte sich in dieser zeitlosesten Zeit aller Zeiten auf das Geschäft mit Runensteinen, Traumfängern und Heilkräutern – da war viel mehr Geld drin als in Bulettenbrötchen, und die Tierhaltung bzw. -schlachtung war natürlich inzwischen gänzlich verboten. Leider war aus Rücksicht auf die natürlich auch total tolerierte und eingebundene wenn auch kleine Gemeinschaft der Theo-Carnivoren-Antiveganer, mit dem Satz im Glaubensbekenntnis „Ich werde nie wieder einem Tier das Futter wegfressen" auch das Verzehren jeglicher pflanzlicher Produkte verpönt.

Man einigte sich in einer weiteren 6-wöchigen Nationalfastengesamtgläubigenmeditation darauf, dass man ja nun schon lange genug nix mehr zu beißen bekommen habe und nun sei's ja wirklich auch egal. Einzelne Zweifler wurden mit Gebetsmühlen übertönt, die man aus ehemaligen Windkraftwerken umfunktioniert hatte. Man lebte fortan von der Energie des göttlichen Geistes allein – Entschuldigung: von den Energien aller der göttlichen Geister, die so was wie göttliche Energie produzieren, und die, deren Götter das nicht tun, sind natürlich auch total dufte und bekommen was von der Energie der anderen Götter ab.

Praktisch am absolut anti-carnovegetarischen Leben war auch die Tatsache, dass sich ein anderer anfänglicher Streit innerhalb der Globalökumene erledigt hatte. Man war sich nicht einig gewesen, ob man nur nachts, nur tagsüber oder freitags keinen Fisch oder eben genau dann oder nur an geraden Tagen (aber welchen Kalenders?) oder nur in der Hocke essen dürfe. Das hatte sich genauso vollständig erübrigt wie auch die engverknüpfte Diskussion um die Feiertage. Man hatte mit drei bis vier Weihnachts-, Oster- und Paschafesten pro Jahr begonnen, sehr bald den Ramadan aufgenommen, Diwali und den Tag des heiligen Backenzahns hinzugefügt, Neujahr war eigentlich immer irgendwo und zu jedem Jahreszeitenwechsel gab man mehrtägige Beschwörungstanzveranstaltungen. Anfänglich waren damit die üblichen Festessen einhergegangen. Aber das hielt man natürlich so nicht lange aus. Denn, wir müssen die Geschichtsschreibung hier aus unserem beschränkten weihnachtsfixierten Kulturkreis heraus verstehen, wer würde es schon 365 Tage lang aushalten, gleich nach dem Frühstück eine komplette Gans zu vertilgen, sich dann mit mehreren Kilo Plätzchen auf Kaffee und Kuchen vorzubereiten, um dann bei Fondue oder Raclette zu enden.

Da man die ständige Völlerei also nicht mehr aushielt, fastete man fortan ganzjährig.

Das war erstens viel spiritueller, und zweitens war sowieso nichts mehr zu essen da, denn es arbeitete ja auch an 365 Tagen im Jahr niemand mehr.

Endlich also war es angebrochen, das 1000-jährige, ach was sage ich, das ewige Reich himmlischen (oder unterirdischen, oder in-der-Papayafrucht-lebenden, oder wie auch immer) Friedens (oder Krieges für die Germanen, oder Spielens für die Anthroposophen, oder …).

Ich versuch's noch mal:

Das ewige oder nie dagewesene, oder gerade erst gewordene oder … noch mal!!!

Das zeitlose Etwas im mehr oder minder bewusst erstrebten Zustand der jeweiligen Wahl.

Und wenn Ihr mir nicht glaubt, dann höret und sehet die Vorboten der Revolution in den folgenden Versen:

Du da, sag' ich, Du da!
Du stehst doch bestimmt total auf Buddha.
Du, sag' ich, Du im Sari,
Du bist doch sicher auf Religionssafari.

Du, Du mit der Glatze,
Du betest bestimmt zu so 'ner Osho-Fratze.
Und Du, Du in der Hose,
Du fandest neulich die heilige Rose.

Dahinten im Rock, ja die Kleine,
die rasiert sich aus Keuschheit nicht mal mehr die
                                          Beine.

Und genau daneben, der Große,
der macht keine Brühe mehr an die Soße.

Weder Wurst noch Brühe hatter,
denn die Kuh in dem Würfel war vielleicht sein Vatter.
Seine Mutter, schon immer 'ne Götter-Diva,
war die einzige wahre Geliebte von Shiva.

Ach ja, und da, direkt bei der Tyr,
da steht noch einer, der kann auch nix dafür,
dass er ein Thor ist und Odin verehrt
und in Walhalla dann bald seine Kumpels versehrt.

Und dann hier, der Kiffer, so 'n richtiger Siffer,
hat zwar keinen Zaster, aber 'n mächtigen Rasta.
Er betet, wenn breit, zum heiligen Bob
und hat 'ne Kundenkarte im Glaspfeifen-Shop.

Sein brennender Busch ist das brennende Gras.
Er hat an seiner Religion also wenigstens Spaß.
Sein Glaube wächst nach – mit etwas Sonne und
                                         Dünger
Da hat er es besser als der nächstfolgende Jünger:

Dahinten, da kommt er, das Gesicht voller Qual.
Er ist ein Seelenbruder vom Parzival.
Er sucht schon seit langem, doch es ist schade,
er fand weder den Gral noch die Bundeslade.

Doch das Göttergeliste wird nun langsam fade
Ob Amun, Osiris, Isa oder Jesus

Ob Zeus, Cthulu, Mars oder Brahma
Ob Fu, Lu, Shou oder Chai Shen
Ob Isis, Ganesha oder Teutates,
Mohammed, Jehova oder Maria.

Auch ein Grab voller Ahnen – das tut es
Aber Dein Fengshui ist heut' wirklich kein Gutes.
Deine Aura ist heute sehr blass und sehr kalt.
Also fahr mal ans Meer oder geh in den Wald.

Und im Wald sagt dann einfach mal lauthals „Danke",
Zu Allah, zu Buddha, zu Thor oder Shiva
Zu Izanagi, Osho oder zu Atanua
oder vielleicht nur einfach zu Anke.

Schweinehack

(„Schweinehackfleisch darf maximal 35 % Fett…
enthalten.“, Wikipedia.de)

Abschied der Gladiatoren

Um vierzehn Uhr wache ich auf, weil mein Kopf klingelt. Könnte auch das Telefon sein. Ich stehe auf, packe meinen Kater bei den Hinterbeinen und werfe ihn aus dem Fenster. Dritter Stock – das müsste reichen. Wie jede Katze hat aber auch er sieben Leben. Sechs Katzen kratzen auch um drei noch von innen an meiner Schädeldecke. Ich mache Kaffee.

Der Kaffee bringt die Katzen dazu, Gewölle hochzuwürgen. Mein Kopf ist voller Katzenhaare. Hoffe, dass ich keine Allergie entwickle. Wäre sicher ungünstig, mit all den Haaren im Kopf – Morbus Encephalo-Felis – Krankheit durch Innerkopfkatze. Ich denke nicht weiter darüber nach.

Sechs Katzen spielen Fangen in einem Nest aus verknäultem Katzenhaar. Ich muss das abstellen. Stelle erst mal meinen Kaffee ab – den vierten. Ich rühre zwei Aspirin in den abgestellten abgestandenen Kaffee und trinke in hastigen Zügen. Die Katzen hören auf, Fangen zu spielen. Dafür sackt das Gewölle in meinen Magen. Mein Magen ist voller Katzenhaare. Hoffe, dass ich keine Allergie entwickle. Wäre sicher ungünstig, mit all den Haaren im Magen – Morbus Gastro-Felis – Krankheit durch Innerbauchkatze. Ich denke nicht weiter darüber nach, weil mein Kopf klingelt.

Fünf der sechs Katzen spielen jetzt in meinem Magen. Ich muss die Katzen aus meinem Magen verdrängen. Mache mir also ein paar Eier. Ob fünf ausreichen? Katzen sind größer als Eier. Mache also

Rührei aus allen zehn Eiern in der Packung und esse hastig. Die erste Hälfte verdrängt vier der fünf Katzen in meinen Darm. Eine sitzt immer noch in meinem Magen und übt dort doppelte Rittberger. Keine Ahnung, wo das Mistvieh die Schlittschuhe her hat. Ich trinke mehr Kaffee, damit das Eis schmilzt. Tut es auch. Jetzt paddelt die Gastrokatze mit einem Kanu durch meinen Magen. Wo sie das Boot her hat, ist mir auch schleierhaft. Wenigstens schnurrt die Bestie in meinem Kopf gerade nur ganz leise.

Die vier Katzen in meinem Darm machen Seifenblasen und spielen dazu Marschmusik – „Abschied der Gladiatoren" von Hermann Ludwig Blankenburg, dem deutschen Marschkönig. Ich mag ihren Musikgeschmack nicht. Ihre politische Einstellung auch nicht. Was, wenn sie anfangen „Deutschlands Waffenehre" zu spielen und es jemand hört? Ich beschließe, heute das Haus nicht zu verlassen. Sieht sowieso komisch aus, wie diese Seifenblasen aus meinem Hintern aufsteigen.

Ich versuche, die vier Katzen aus meinem Darm zu furzen – Flatulenz Felis, gewissermaßen. Eine fliegt mir in hohem Bogen aus dem Arsch, verwandelt sich zappelnd und maunzend in ein Säckchen Oregano, platzt und rieselt auf den Küchenfußboden. Sieht schlimm aus hier. Die Schalen von zehn Eiern türmen sich auf meiner Hose und Jacke. Muss mich in der Küche ausgezogen haben. Habe dabei wohl nachts noch gekocht. Das würde die Brandwunde an meinem Unterarm erklären. Über all dem breitet sich jetzt eine dünne Oreganoschicht aus.

Muss jedenfalls den Schlagzeuger aus meinem System geschossen haben. In meinem Darm spielt jetzt nur noch ein Blechbläser Terzett. Sie spielen das „Kufstein Lied". Schon besser. Ich hole erst mal den Staubsauger. Der Oregano muss weg. Die restlichen Rühreier auch. Versuche diese ebenfalls einzusaugen. Der Staubsauger verlässt mich mit einem letzten Röcheln. Gebe auf und kippe die restlichen Eier aus dem Fenster. Geschrei von der Straße. Mein Kopf klingelt jetzt wieder. Könnte auch die Tür sein. Mache aber nicht auf. Ich will die Eier gar nicht wiederhaben. Überlege stattdessen, ob ich den Staubsauger auch aus dem Fenster werfen soll. Verwerfe den Gedanken aber rechtzeitig.

Ich starte einen weiteren Angriff auf die Blechkatzenmusiker. Diese aber sind geschickt und widerspenstig. Haben Kletterhaken in meine Darmwände getrieben und sich angeseilt. Ich muss nachhelfen. Trinke also meinen inzwischen siebenten Kaffee und rauche dazu – ca. eine halbe Schachtel. Das löst den erhofften Erdrutsch aus. Mit Getöse und Gekröse spült eine Schlammlawine biblischen Ausmaßes zwei Kletterkatzen in die Schüssel. Ein letzter Handgriff macht sie zu Kanalkatzen. Aber wo ist Nummer drei? Und wo spricht die Bibel jemals von Schlammlawinen? Ich bin verwirrt.

Plötzlich wacht Nummer eins auf. Aus dem leisen Schnurren in meinem Kopf wird erst ein Miauen und dann legt Encephalo-Katze eine alte Schellackplatte mit serbischer Volksmusik auf. Dazu tanzt sie mit holländischen Holzpantinen eine Polka auf meiner Schädelbasis. Wenigstens ein bisschen multikultureller als die beschissenen Marschmusiker, denke ich. Versuche trotzdem, die Polka-Katze mit zwei Litern Mineralwasser zu ersäufen. Nach dem achten Kaffee ist mir endlich eingefallen, dass die Viecher kein Wasser mögen. Kopfkatze ist völlig unbeeindruckt. Dafür scheine ich Nummer zwei ersäuft zu haben. Kein Kanu mehr in meinem Magen. Wo das Boot her kam, bleibt ein Rätsel.

Encephalo-Katze hört jetzt Black Metal. Vielseitiges Biest. Mir ist aber gerade nicht nach Black Metal. Vor allem nicht von innen. Da meldet sich Nummer drei. Hat die Schlammlawine überlebt und versucht gerade aus meiner Lunge in die Luftröhre zu klettern. Schon Angenehmeres erlebt. Auf dem Weg nach draußen hinterlässt sie einen nicht wirklich guten Geschmack auf meiner Zunge. Irgendwie auch kein Wunder. Saß ja vorhin noch in meinem Darm. Außerdem haart sie mir den ganzen Mund voll. Ich rasiere mir die Mundhöhle. Habe mal gehört, das soll helfen. Die Blutungen sind leider nicht schlimm genug, um den Notarzt zu rufen. Krankenhaus hätte mir vielleicht gut getan.

Lege mich wieder ins Bett und denke: „Mensch Harald, was für ein Hundeleben!"

Keine Ahnung, wer Harald ist …

Der Feuerlöscher

Der Feuerlöscher hatte mich aus seiner Ecke eindeutig schief angeschaut. Er war dabei sofort rot geworden. Ich glaube nicht, dass er vorher schon rot war, aber das weiß ich nicht, denn vorher war ich farbenblind und seit eben war ich es nicht mehr. Warum ich auf einmal nicht mehr farbenblind war, sollte mich noch manch langen Spaziergang durch niedergebrannte Dörfer und faulig stinkende Schlachtfelder beschäftigen. Tatsache war, dass mein lebenslanger Schwarz-Weiß-Film den grellen Farben der Realität gewichen war, wie der Tag der Nacht dem Tag der Nacht dem Tag der Nacht dem Tag der Nacht dem … Sonne, Mond und Sterne!

Urplötzlich befand ich mich jedenfalls auf diesem LSD-Trip – Alter, diese Farben! – und hatte doch gar keinen eingeworfen – weder Trip, noch Brief, noch Einwurf. Noch nicht mal einen gebechert hatte ich, noch einen gehoben, mir geleppert, gesüffelt oder gesoffen – und trotzdem war plötzlich der scheiß Feuerlöscher rot! So was Absurdes, Mann! Wer oder was sollte denn einen Feuerlöscher rot machen? Den kann doch zwischen all den Flammen dann keine Sau mehr sehen, die gerade zum knusprigen Kotelett wird oder sich zumindest die Koteletten versengt oder sich zumindest den Ringelschwanz verrenkt oder sich zumindest einen Keuchhusten einfängt oder sich jetzt eben ganz schnell mal erhängt, weil sie nervt, die dumme Sau!

Ja, Mann!! Es nervt. Wie die Sau nervt das!

Ach? Die Sau? Die Sau von eben?

Fresse, Du schwanzamputiertes Eichhörnchen mit Flugangst.

Wo waren wir stehen geblieben?

Wir waren beim Feuerlöscher stehen geblieben und da der unter der Garderobe steht, standen wohl auch wir unter der Garderobe – vermutlich um mal wieder in den Jackentaschen nach vergessenen Brotkrümeln, Drogenresten oder Monatskarten zu suchen. Waren aber, wie so oft, wieder nur Reißnägel, Mausefallen und Bildchen von Primaballerinas drin, was darauf schließen ließ, dass der sadistische Ballettfetischist gerade wieder meine Schwester besuchte und sie dazu zwang, mit je einer Mausefalle an den Füßen durch die im Keller verstreuten Reißnägel auf Spitzen zu gehen. Das brachte mich erst recht auf die Palme und ich musste sie sofort wedeln.

Als ich wieder aus der Recyclingtonne kroch, in die ich mir angewöhnt hatte, mich zum Onanieren zurückzuziehen, hörte man das dumpfe Grollen der Stukas am Himmel und es war Abend geworden. Ich zog mir meine Lederhose wieder an und setze mich auf den Hund. Da dieser aber wohl auf einem der Reißnägel zu liegen gekommen war, tat ihm das weh und er biss mir in die Wade. „Na, Wade!", dachte ich und riss dem Köter das linke Ohr ab. Wir beide spielen so etwas öfter. Lästig ist nur, dem Vieh die Körperteile immer wieder anzunähen, während es an der Wodkaflasche nuckelt. Lästig ist auch, ihn zum Pinkeln immer raus tragen zu müssen. Selber laufen kann er ja schon lange nicht mehr.

Inzwischen war es Nacht geworden. Also warf ich den Hund in die Hecke und klaubte erst mal die im Garten liegen gebliebenen Blindgänger des Tages zusammen. Zwischen den Kasam- und Katjuscha-Raketen, die man aus Hessen immer wieder auf uns abschoss, lagen auch ein paar halbtote Banker und Werbestrategen herum. Ich mischte sie dem Hund ins Essen, der sichtlich zufrieden war und glücklich vor sich hin knurrte und winselte. Als ich nun die Tür aufbrach, weil ich schon zum dritten Mal diese Woche meinen Schlüssel in der Mikrowelle vergessen hatte, fiel mein Blick auf den Feuerlöscher, über den ich fast selbst gefallen war. Er war wieder grau und es waren auch sonst alle Farben um mich herum erloschen. Das beruhigte mich so sehr, dass ich davon absah, in den Keller zu gehen, um den sadistischen Ballettfetischisten zu kastrieren, wie ich es mir eigentlich vorgenommen hatte. Ich legte daher die Heckenschere, die ich aus dem Garten mitgebracht hatte, zur Seite und setzte mich mit einer Flasche Bier zum Feuerlöscher und streichelte ihn eine Weile. Gegen 23:45 habe ich mich dann schlafen gelegt.

Waltraud H. aus M.

Waltraud H. aus M. hatte sich nach einigen Fehlgriffen auf dem freien Markt und nach reiflicher Überlegung einen Mann im Internet bestellt. Das war nun schon einige Jahre her und eigentlich lief alles ganz gut. Er machte ihr ein Kind nach dem anderen, sie ging putzen, er lag vor dem Fernseher, sie brachte ihm Bier, er qualmte die Bude voll und war schlecht gelaunt …

Aber er schlug sie nur ganz selten und meistens wusste sie dann auch warum. Waltraud hatte es endlich geschafft ein ganz normales Leben zu haben. Ihre Eltern waren stolz auf sie. Und Waltraud war auch stolz auf sich selber. Alles war wunderbar, bis sie an jenem Dienstag nach sechzehn Stunden Putzen nachhause kam …

„Waltraud!"
„Ja, Schatz?"
„Waltraud!"
„Ja-ha …"
„Waltraud, ich hab' die Kinder gefressen."
„Das doch 'en Trick, Herbert. Du willst doch nur, dass ich glaub', wir müssen neue machen. Du willst doch nur ran an die Mutti, Du schlimmer Finger, Du …"
„Nein, Waltraud, ich hab' die Kinder gefressen."
„Aber, Herbert, die waren doch noch ganz klein, die Kinder."

„Ja … bin auch nicht satt geworden ... hab' ich die Oma auch noch gefressen."

„Aber, Herbert, die war doch schon so alt, die Oma."

„Ja … hatt' ich auch 'nen ganz trockenen Hals nach ... hab' ich's Aquarium ausgesoffen und den Goldfisch gefressen."

„Aber, Herbert, den hatte der Timmi doch so lieb, den Fisch."

„Jaaaa … sind ja jetzt wieder zusammen … den Timmi hab' ich doch auch … ICH SAG' DOCH, ICH HAB DIE KINDER GEFRESSEN."

„Alle sechse?"

„Sechse waren das? Da muss noch irgendwo eins versteckt sein … hab' ich einen Hunger."

„Du sollst doch auf Dein Cholesterin achten, Herbilein!"

„Waltraud! Du sollst – mich – nicht – Herbilein nennen!"

„Ach, Herbilein, reg Dich nicht auf. Kann ja jeder mal Hunger haben!"

„Klar, wenn Du auch nix einkaufst, Du Putzlumpen. Du sollst mich nicht Herbilein nennen, Du Schlampe!"

„Warst Du denn wenigstens satt nach dem Goldfisch, Schatziputz?"

„Nää … nach dem scheiß Fisch war mir schlecht. Hab' alles wieder rausgekotzt. Liegt noch in der Badewanne."

„Ach so … und dann, Spatz? Hattest Du da nicht wieder Hunger?"

„Du bist so saublöd. Klar. Hab' ich die Nachbarn gefressen."

„Was? Alle?"

„Nää … nur die hier auf'm Stockwerk. Fahrstuhl ist kaputt."

„Also auch die Frau Gruber von nebenan, mit der ich dienstags immer ins Café …"

„Jaa … die zuerst. Die war lecker. Ordentlich was dran. Sah nur scheiße aus."

Das mit der Frau Gruber war nun aber doch zu viel des Guten. Waltraud ging in den Keller und fand hinter der Folterbank noch die Originalkiste, in der sie Herbert damals von www.mann-in-der-kiste.de geliefert bekommen hatte. Der Lieferschein hing auch noch dran. Sie zerrte alles in ihr geheimes Kellerlabor. Dort fälschte sie den Lieferschein auf ein Datum der vergangenen Woche. Dann griff sie sich eine in der Ecke lehnende Dachlatte, schleppte alles nach oben, prügelte Herbert mit der Dachlatte erst ordentlich durch, dann windelweich und dann kurz und klein, packte ihn in seine Kiste und machte mit dem Vermerk „Entspricht nicht der Artikelbeschreibung" von ihrem 14-tägigen Rückgaberecht im Versandhandel Gebrauch.

Da sie nun sowohl Herbert los war als auch die ewig gierigen Mäuler der senilen Oma und der sechs debilen Kinder nicht mehr zu stopfen hatte, schmiss sie ihren Putzjob hin. Hartz IV reichte jetzt auch.

Um sich ein paar Extras leisten zu können, ging Waltraud ein bisschen auf den Strich – aber nur ein klitzekleines bisschen – studierte nebenher BWL und setzte dann noch ihren Master of Business Administration drauf. Wenig später zog sie nach Frankfurt und ist dort seitdem Kundenberaterin bei einer großen Privatbank.

Womit mal wieder bewiesen wäre, dass man auch die schwersten Schicksalsschläge wegsteckt, wenn man sich nicht hängen lässt.

Ärmel hochkrempeln, Leben in den Griff kriegen, Ausbildung machen, Zertifikate und Verbriefungen verkaufen, richtig absahnen. Wenn man sich da zwischendurch mal ein bisschen prostituieren muss, macht das gar nix.

Also nehmt Euch alle ein Beispiel an:

Waltraud

Kleines Pferd

Ich hab' ein kleines Pferd
Das stell ich hinter'n Herd
Das hat ein großes Herz
Und mag keinen Schmerz

Es kriegt dann gut zu fressen
Und wird irgendwann gegessen
Da darfste drei Mal raten:
Dann gibt es Sauerbraten

Die Putze

Die junge Putze in unserer Firma hat eine neue Haarfarbe. Eigentlich ist sie nur *eine der* Putzen, denn ich arbeite in einer großen Firma. Jedenfalls war die Putze bis vor kurzem noch blond und ist jetzt ziemlich brünett.

Eigentlich weiß ich nicht, ob sie blond war und jetzt brünett ist oder ob sie schon immer brünett und nur zwischenzeitlich blond war. Männer sehen das nun mal nicht und müssen sich immer von ihren Frauen erklären lassen, wer sich die Haare gefärbt oder die Titten machen lassen hat, obwohl die Männer das ja eigentlich gar nicht erklärt bekommen wollen, weil sie ja glauben möchten, dass das Blond und der Busen, der schöne, echt sind. Aber die Frauen erklären ihnen das dann trotzdem, und die Männer glauben es erst nicht, weil die Frauen, die ihnen das erklären, ja eigentlich nur neidisch sind auf das Blond oder den Busen oder den Po oder alles zusammen. Aber dann glauben die Männer es doch, weil sie das ja eigentlich noch viel geiler finden, dass sich da eine die Haare blondiert und die Brust ausstaffiert und den Po kalibriert hat, die Sau. Nur das sagen die Männer den Frauen, die ihnen das erklärt haben, dann nicht, denn dann würden die Frauen verzweifeln. Und das, das wissen die Männer, wenn sie auch sonst nichts wissen. Und das, das lassen die Männer dann, denn wenn die Frauen verzweifeln, dann ist das doof für die Männer.

Die Putze, oder eben besser *eine der* Putzen, hat also eine neue – oder eben wieder ihre alte, aber der Einfachheit halber sagen wir ab jetzt endgültig „eine neue" – Haarfarbe. Eigentlich ist sie ja nur eine Putze. Aber ich mag sie. Ich glaube, sie ist meine Lieblingsputze. Jedenfalls mag ich sie lieber als die Alte mit dem Kopftuch, deren Haarfarbe ich nicht erkennen kann, die komisch riecht und bei mir im Büro putzt, während die ehemals Blonde weit weg in den Kaffeeecken und Klos auf dem Gang bleibt.

Die ehemals blonde Putze, meine Lieblingsputze, ist bestimmt aus dem Osten. Eigentlich weiß ich das nicht, aber sie hat hohe und breite Wangenknochen und sie sieht nicht aus, als sei sie aus dem Süden. Jedenfalls putzen nur die aus dem Ausland und die Deutschen in der Putzkolonne managen sie.

Eigentlich managen die gar nix. Meistens sitzen die in *meiner* Kaffeeecke, rauchen, trinken Kaffee und führen extrem nervende Gespräche. Gespräche, wer wann wem was am Telefon gesagt hat und was das denn wohl für eine Frechheit wäre und überhaupt, was bildet der sich ein und wenn der wüsste – wenn es um die Auftraggeber geht. Oder Gespräche, über die charakterlichen Eigenschaften, Persönlichkeitsprofile und besonderen Fähigkeiten der ihnen untergebenen Indoor Facility Care Specialists. So nennen sie ihre Putzen zwar nicht, aber es klingt so, als würden sie das gerne, wenn sie wüssten, wie man die auch nennen könnte, um noch wichtiger zu klingen, als sie sowieso schon klingen, wenn sie die Charaktere derer analysieren, die doch nichts tun sollen als Klos putzen und Aschenbecher leeren. Wenn es ganz schlimm kommt, dann führen sie diese Gespräche am Handy und dann analysieren sie die Charaktere derer, die doch nichts tun sollen als Klos putzen und Aschenbecher leeren, schreiend – und auf Sächsisch.

Aber die dürfen das ja und die müssen das ja, denn sie sind ja Facility Care Manager, also Oberputzen, mit Teams von Facility Care Specialists – aufgeteilt in Senior und Junior Specialists, also erfahrene Putzen und neue Putzen. Und ein Handy habe ich auch, und „Manager" kommt in meiner Bezeichnung auch vor. Und was mache ich? Auch ich entsorge den Dreck, der von oben kommt. Das haben wir alle gemeinsam und macht uns zu Arschlöchern – die den Dreck entsorgen, der von oben kommt.

Nur sind die Facility Care Manager eben niedere Arschlöcher und ich ein höher sitzendes Arschloch, anatomisch gesehen also in etwa ein künstlicher Darmausgang. Ich bin ein künstlicher Darmausgang. Weiter oben in der Hierarchie sitzen selbstverständlich keine Arschlöcher. Dort sitzen die, die Arschlöcher füttern und künstlichen Darmausgängen Anweisungen geben. Ganz oben in der Anatomie sitzen sie – die Arschgesichter. Ganz unten, noch unter den Arschlöchern, ist die Putze dabei dem ganzen Organismus die Füße zu waschen – Maria Magdalena, heiligste aller Huren, gesegnet sei Dein Arschloch.

Nein, verdammt sei es. Verdammt sei Dein Arschloch. Denn wahrscheinlich sitzt es zuhause und hat Dich putzen geschickt. Sitzt zuhause und wartet darauf, dass Du Deine neue Haarfarbe, deinen süßen Hintern, Deine – mir doch egal ob künstlichen oder echten aber jedenfalls beeindruckenden – Titten und Dein sauer erputztes Geld zu ihm nachhause schaffst und ihm zur Entspannung noch schön einen pudelst, weil der Tag vor der Glotze ja doch anstrengend war. Aber er ist ja der, wegen dem Du hier bleiben darfst. Er hat die Staatsbürgerschaft, Du die Arbeitserlaubnis – die vom Staat und seine auch. Du darfst dankbar sein, für ihn und für uns zu arbeiten. Du bist doch aus dem Osten, Putze, oder? Im Osten, da sind sie doch noch ein bisschen dankbarer, sagt man. Also sei dankbar und mach dann zuhause am Abend noch eben dankbar den Dreck von Deinem eigenen Arschloch weg, nachdem Du den Dreck der anderen Arschlöcher schon dankbar über den Tag erledigt hast. Er, er wird Dich dann immer mal wieder erinnern, wo er Dich „rausgeholt" hat, damit Du auch dankbar bleibst und nicht auf dumme Gedanken kommst (BATSCH). Und jetzt zeig deins her, Putze. Ja, Maria Magdalena, Dein heiliges Arschloch, denn da will er noch mal rein, bevor Du dann dankbar einschlafen darfst.

Hach, Putze, ein netter Text sollte das werden. Denn eigentlich, Putze, mag ich Dich wirklich. Du mit deinen hohen aber breiten Wangenknochen.
Du mit dem Blick, der mir sagt, dass Du weißt, dass ich Dich anschau'. Du, die das freut, aber die

nie zurück schaut. Du, aus dem Osten, die sicher
auf's Frau sein mal stolz war.
Hach Putze, ein netter Text sollte das werden. Denn
eigentlich, Putze, mag ich Dich wirklich.
Nur wie hätt' er das werden sollen, wenn ich Putze
Dich nenne?
Wie hätt' er das werden sollen, wenn ich deinen
Namen nicht kenne?
Und wenn ich ihn wüsste, vielleicht frag ich Dich
morgen,
dann könnte ich Dich da rausholen und – dir's mal
richtig besorgen!!
Das liefe dann ungefähr so:
„Ich bin der Karsten, hallo!
Und wie heißt denn du,
nicht dass es mich wirklich interessiert,
doch in meinem Auto sitz Du im Nu.
Dann wirst Du zu mir nachhause chauffiert.
Und da ist dann Schluss mit lustig.

Da schau'n wir dann gleich mal nach, ob Du nun
wirklich brünett oder blond bist.
Da schicken wir Dich gleich mal ins Bad zum
Rasieren, damit das nicht so betont ist.
Da bist Du dann gefälligst ein bisschen dankbar,
dass Du hier überhaupt sein darfst.
Da bist Du dann gefälligst noch dankbarer, wenn
ich in Dein Gesicht hineinfahr.
Und dann, Maria Magdalena, Dein heiliges
Arschloch, ja, denn da will ich rein. (BATSCH)
Und dann, Putze, dann schläfst Du bei mir
sicherlich nicht dankbar ein.

Ich schmeiße Dich raus.
Geh nachhaus.
Du hast doch schon ein Arschloch mit
Staatsbürgerschaft.

Hach, Putze, ein netter Text sollte das werden. Denn eigentlich, Putze, mag ich Dich wirklich.
Ich mag die Putze.
Die Putze ist aus dem Osten.
Ich liebe die Putze.
Die Putze ist dankbar.
Ich will die Putze.
Die färbt sich die Haare, die Sau.

Und dann gehe ich nach der dritten Zigarette erst mal das Klo voll scheißen, das Du gerade geputzt hast. So kann ich Dir wenigstens ein bisschen nahe sein und Dir Arbeit geben.

Und nächstes Jahr fahr' ich nach Thailand – weil das Land so schön ist!

Achtung, aufgepasst, hier kommt der Papst vor!

An einem lauen Frühlingsabend setzte sich der Geschichtenschreiber an sein Schreibpult, um eine neue Geschichte zu schreiben. Er hatte das Fenster geöffnet und eine leichte Brise umschmeichelte ihn. Es roch ganz leicht nach den Blüten eines Magnolienbaumes und vom Wald her war leise das Rauschen der Bäume im Wind zu erahnen. Der Geschichtenschreiber dachte bei sich, als er ein paar Blätter und einen Stift zur Hand nahm: „Wie schön … ich habe schon lange keine Geschichte mehr geschrieben. Habe mich immer ablenken lassen von meinen Geschichten". Nun aber saß er da, um in aller Ruhe eine ruhige aber schöne Geschichte zu schreiben. Eine Geschichte, die den Wald und die Bäume und den Wind und den Duft in sich tragen sollte. Und der Geschichtenschreiber nahm sich vor …

… sich nicht an den Wörtern zu reiben,
sie sich einzuverleiben,
mit ihnen Spiele zu treiben,
und am Ende wieder nicht
bei der Sache zu bleiben.

NEIN, DAS würde ihm heute nicht passieren. Eine schöne Geschichte würde er schreiben. Eine Geschichte voller Sonne und voller weißer Wölkchen, die den Himmel nur noch blauer machen. Eine Geschichte voller Glück und voller Liebe. Eine Geschichte für Große und für Kleine, für Frauen und für Männer, für Arme und für Reiche, für Alte und für Junge, für Schwarze und für Weiße, für Dicke und für Dünne, für Braune und für Blonde, für Schöne und für nicht so Schöne, für Laute und für Leise, für Musiker und für Schlagzeuger, für Dieters und für Günters, für Christen und Atheisten, für Satte und für Hungrige, für Trinker und für Nichttrinker, für Fleischfresser und für Vegetarier, für Radfahrer und für Fußgänger, für Harte und für Weiche, für jeden und für alle – für überhaupt alle Menschen dieser Welt. Eine Geschichte voller Sehnsucht, voller Fragen, voller Gefahren und Abenteuer und doch schließlich voller Erfüllung, voller Antworten und voller Frieden. Eine Geschichte von einem Mädchen, einem Jungen und einem dreibeinigen bisexuellen Dobermann!!!

Dobermann?
Das macht mich ober an.
Denn dieser Dober hier,
der ist das Obertier.
Jedoch ist dieser hier …

… ein verdammt schwuler Köter. Und das ist natürlich nicht im Sinne von „homosexuell" gemeint, denn dieser Dobermann hier ist bisexuell und außerdem ist der Geschichtenschreiber selber schwul, auch wenn es der Geschichtenerzähler nicht ist. Dieser Dobermann aber ist eher eine linke Ratte als ein schwuler Köter. Obwohl er ja nun auch keine

Ratte ist, sondern ein Hund, also doch ein Köter, ein linker Köter – na, da hätten wir's doch. Warum denn nicht gleich?

„Warum denn nicht gleich?"
Dachte Harun im Teich,
doch hatte nix hier verloren
bekommt eins auf die Ohren
und geht …

… mit seinem dreibeinigen, bisexuellen linken Köter Gassi. Und dabei denkt er, denn er ist ja ein Junge, natürlich an Mädchen. Womit wir wieder bei der Geschichte von einem Jungen und einem Mädchen wären. Nur heißt Harun erstens Thomas, ist zweitens kein Junge, sondern ein Mann und denkt drittens deswegen nicht einfach an Mädchen, sondern an Sex, denn das tun Männer ja schließlich immer, und zwar an wilden zügellosen.

Doch Thomas hat 'ne Glatze
Und 'ne fiese Fratze
Und Mädchen kriegt er keine
Und Frauen schon erst recht nicht

Gedanken, oh …, Gedanken – haltet ein! Wohin wollt ihr mich entführen? Wo ist sie hin die Geschichte voller Glück und Liebe? Was haben Thomas, Harun und der Dobermann in ihr verloren? Und dann, oh weh, auch noch der Sex? Ja, was haben sie überhaupt miteinander zu tun? Das ergibt doch alles kei-

nen Sinn. Das ist doch keine Geschichte, die auch
für Kinder taugt, für ihre zarten Seelen. Da bekommen die es ja mit der Angst zu tun, die Kinder, die
Kleinen, und die Weichen und die Weißen und die
Schlagzeuger und die Leisen und die Dieters und
die Fußgänger und die Christen und die Frauen und
die Nichttrinker und die Vegetarier und die Schönen
und die Alten und die Armen – die armen Armen!

Und dann erst Harun … oder Thomas … oder
der Dobermann?

Wie heißt denn eigentlich der Hund?
Wen beißt jetzt gleich denn wohl der Hund?
Wem scheißt das Tier noch in den Mund?
Wie heißt denn eigentlich der Hund?

Wer ist denn eigentlich der Mann?
Wer ist denn eigentlich die Frau?
Warum war eine solche noch nicht dran?
Wer ist denn nun hier wohl die Sau?

Der Mann, der hieß doch erst noch Harun.
Der Mann, der heißt jetzt plötzlich Thomas.
Die Frau, die denkt sich erst noch „warum?"
Die Frau die denkt dann bald nur noch „so was!"

Naja, und am Ende, ihr konntet's Euch sicher den-
ken, hat dann der Dobermann sein schizophrenes
Herrchen durchgefickt …

VOLLER GLÜCK !!!
VOLLER LIEBE !!!
VOLLER ANTWORTEN !!!

… und das schizophrene Herrchen hat dann eine seiner zwei Persönlichkeiten aufgegeben und war fortan nicht mehr abwechselnd Harun und Thomas, sondern nur noch er selbst, nämlich Thomas-Harun, denn ein Doppelname musste dann schon her, denn dann können sich die Weiber beim Ficken aussuchen, was sie schreien möchten, wenn sie was schreien möchten. Und die einen schreien halt lieber „THOMAS" und die anderen lieber „HARUuuuuN" und wieder andere schreien gar nicht und die bekommen dann der Hund – der heißt übrigens Klaus-Peter – und dann schreien die Weiber sicher nicht „Klaus-Peter", sondern schreien einfach nur noch so. Und Klaus-Peter fickt sie dann durch und …

VOLLER GLÜCK !!!
VOLLER LIEBE !!!
VOLLER FRIIIIIIIEDEN !!!

… wenn Klaus-Peter dann keine Lust mehr hat, dann beißt er ihnen entweder die Kehle durch oder man muss sie dann noch mühsam selber zum Schweigen bringen. Und dann kommen sie in den See, schön verschnürt und mit genug Gewicht dran, um nicht gleich wieder aufzutauchen, denn …

voller Liebe …

Der Geschichtenschreiber war einfach nicht bei der Sache. Also gab er es für den Abend auf, ging mächtig einen heben, danach in den Puff, kokste sich dort mit einem minderjährigen Lady-Boy aus Thailand den letzten Verstand aus der Birne, klaute das Auto des Zuhälters, fuhr damit über einige Blumenbete, Katzen und Obdachlose und schließlich in das Schaufenster des örtlichen Mietervereins. Dort onanierte er flink in die Kaffeemaschine, schrieb in großen roten Lettern „Fuck Jakob Fugger!" an die Wand, schwamm eine Runde im Stadtweiher, erdrosselte dabei eine Ente und faxte von zuhause noch eben im Namen des Bundeskanzlers und der Sparkasse Bad Tölz eine Kriegserklärung an das Weiße Haus, die IG Metall, Herbert Grönemeyer, König Carlos von Spanien, den Kreml, Surinam, den Dalai Lama und den Papst.

Dann setzte er sich seinen Motorradhelm auf und sich in die Hollywoodschaukel seines Nachbarn, pfiff dort das Horst-Wessel-Lied, steckte sich einen Finger in die Nase und einen in den Hintern und dachte:

„Und dabei
war'n wir doch alle
mehr oder minder
liebe Kinder …"

Man fand ihn am nächsten Morgen noch immer in der Hollywoodschaukel sitzend.

Die Ursache seines Todes konnte auch durch

mehrmalige Obduktionen niemals festgestellt werden. Auf seinen Lippen aber lag ein Lächeln. Denn seine Geschichte voller Liebe und Glück hatte er sich selber noch zu Ende erzählt.

Das Gesundenhaus

Angst vor dem Leben hatte ich schon immer. Über die Jahre wurde die Welt um mich herum schließlich auch direkt vor meinen hilflosen Augen immer kranker. Irgendwann gab es eigentlich nur noch Kranke auf den Straßen, in den Städten und Dörfern und überhaupt im ganzen Land. Ich musste einsehen, dass es so mit mir in dieser kranken Welt nicht weitergehen konnte. Also wies ich mich selbst in eines der vielen neuen Gesundenhäuser der Stadt ein. Ich wollte endlich auch krank werden.

In der Notablehnung des Gesundenhauses wollte man von mir wissen, ob ich denn vor allem unter körperlicher oder geistiger Gesundheit leide. Ich faselte irgendetwas von ganzheitlicher Medizin und man lachte mich so herzlich aus, dass ich mitlachen musste. Das ließen wir aber schnell wieder sein, denn erstens waren wir nicht im Keller und zweitens macht Lachen nun mal gesund. Man gab mir dann ein paar Flaschen Schnaps, einige Stangen Zigaretten, einen Zentner Kartoffelchips, einen Eimer Speckmäuse, einen Sack saure Pommes und ein Kistchen Amphetamine und sperrte mich in ein niedriges, muffiges Zimmer ohne Fenster. Man versicherte mir, das Zimmer sei frisch infiziert und es sei erst letzte Woche wieder jemand darin an seinem eigenen Erbrochenen erstickt. Die Behandlungsmethode nannte sich „Rockstar 1980", auch bekannt als die „Bonham-Scott-Therapie". Bisher hatte man damit noch jeden Gesunden wieder auf die Reihe oder gar auf die Bahre gekriegt.

Vom Pflegepersonal, von dem man mir versicherte, es sei ausnahmslos mit tropischen Endoparasiten, antibiotikaresistenten Bakterien und HIV verseucht, war zum Glück nicht viel zu sehen. Man hatte mir von den Foltermethoden in den Gesundenhäusern einiges berichtet. Und zwar war es mein Ansinnen, meine lästige Gesundheit zu heilen, aber sinnlose, von unerfahrenen Adepten schmerzhaft durchgeführte Blasenspiegelungen und Einläufe sowie infizierte Katheter waren nicht mein bevorzugter Weg, dies zu erreichen. Lieber wollte ich mich durch reichlichen Drogenkonsum bei gleichzeitiger Mangelernährung in einer pilzsporengesättigten Atmosphäre zugrunde richten und höchstens vielleicht noch – wegen des hübschen kolonial-edelmännischen Anruchs – eine schwere Malaria drauflegen. Irgendwie erschien mir das natürlicher.

„Natürlich wäre es", würden jetzt die echten Siechtumsfanatiker sagen, „das alles zuhause, außerhalb der Institute und Morbitäler zu erledigen – und vor allem sich selbst ..." Auch homöopathisch lassen sich die ausgefallensten Krankheiten nachhaltig ansiedeln und für eine konstante Mangelernährung müsse man sich auch nicht eigens stationär verhungern lassen. Aber das sind Extremisten, die sich sogar aus Bad Salzdethfurt eine Hepatitis, aus Stockholm eine Malaria und aus dem Vatikan HIV mitbringen. Die würden niemals zu solch schulmedizinischen Mitteln wie einer stationären Erkrankung oder der Keimförderung durch Pro-Biotika greifen. Auch sind diese Extremtypen meist strikt gegen die Infizierung mit den wichtigsten Krankheiten schon im Säuglingsalter, was gemeinhin als unverantwortlich angesehen wird. Heutzutage ohne Kinderlähmung, Tuberkulose und Cholera zu leben, ist einfach nicht mehr nötig. Kein vernünftiger Mensch tut sich das an, wenn er doch zufrieden vor sich hin siechen könnte.

Meine Eltern waren zwar nicht von diesem seltsamen Schlag gewesen, aber sie hatten wohl nicht auf eine ordentliche Mangelernährung für mich geachtet und mich schlicht zu häufig gefüttert und gewaschen oder sich gar sonst wie mit mir beschäftigt. Daher schlugen die üblichen Infektionen bei mir nicht an und ich habe es bis heute über eine gewöhnliche Grippe kaum je hinaus gebracht – und die Grippen waren nicht mal von Schweinen oder Vögeln. Aber mit dieser meiner unerträglichen Gesundheit würde ich nun endgültig Schluss machen.

Nachdem ich drei Wochen im Dauerrausch verbracht, 14 Kilo abgenommen, sämtliche Wände mit meinem Kot bemalt und mich reichlich im eigenen Urin gesuhlt hatte, war es mir noch immer nicht gelungen an meinem eigenen Erbrochenen zu ersticken. Entweder war ich zu nüchtern, um mich unkontrolliert im Schlaf zu übergeben oder ich war so weggetreten, dass ich vor der Bewusstlosigkeit nicht rechtzeitig daran dachte, mich in eine stabile Rückenlage zu drehen. Nicht mal eine ordentliche Drogenpsychose wollte sich einstellen, obwohl man mir zu Speed, Ice und Crystal inzwischen auch diverse Opiate reichte und meine Schnapsration auf drei Flaschen täglich erhöht hatte. Zwar zeigte mein EKG einen hübsch unrhythmischen, gelegentlich flimmernden Verlauf und meine Lunge pfiff auch ständig den Radetzky-Marsch, aber so richtig beeindrucken wollte mich das alles nicht.

Letzten Endes kam es also, wie es kommen musste. Nach sechs Wochen entließ man mich als hoffnungslosen Fall mit den Worten: „Sie sind halt so'n hoffnungslos Unkaputtbarer …"

Von dieser Vokabel wurde mir dann wenigstens noch mal ordentlich übel und ich kotzte dem Pfleger ein paar Fischgräten und Spielwürfel vor die Füße.

Als ich hernach durch die kranke Welt schlenderte, dachte ich mir, dass ich mich beim nächsten Anlauf mit sämtlichen Jahrgängen der Bunte, Gala und BILD sowie den Autobiographien von Bohlen, Klum, Matlock und Effenberg und Videos sämtlicher „Deutschland sucht den Was-weiß-denn-ich", „Dschungelcamps" und „Chart-Shows" eindecken und einschließen sollte – DAS könnte mich endlich, endlich, endlich ordentlich krank machen …

Hattest Du nicht immer von einer eigenen Insel geträumt?

Bevor ich ganz beschissen in den folgenden scheiß Fäkaltext einsteige, möchte ich auch den soziologisch-philosophischen Aspekt meiner hier vorliegenden bekackten Ausführungen hervorheben. Denn gibt es nicht einige Sätze, die durchaus die Natur, den Zustand der Welt und des Menschen in aller Kürze und Würze trefflich beschreiben?

Einer davon, ich glaube gar, er ist von mir, wäre: „Zeige mir einen einzigen Menschen, der sich glücklich verliebt hat, während er seit drei Tagen nicht geschissen hat."

Ein weiterer Satz beschäftigt sich weniger mit der Abhängigkeit der höheren menschlichen Regungen (z. B. Liebe) von seinen Grundbedürfnissen (z. B. Scheißen), sondern eher mit dem Zustand der Welt im Allgemeinen. Er fasst in aller Kürze zusammen, wie es um das Verhältnis der Industrieländer zu den so genannten Schwellenländern steh. Letztere auch beschreibbar als: „Länder, in denen 80 % der Bevölkerung in den gleichen Fluss scheißen, in dem sie die Wäsche waschen." Der Satz stammt meines Wissens von meinem Herrn Bruder höchstselbst und lautet: „Wir leben in einem der Länder, in dem man die Scheiße mit dem Trinkwasser wegspült."

Mit diesen beiden Sätzen ist über den Menschen und über die Welt, in der er lebt, eigentlich schon alles gesagt: auf der einen Seite Liebe und Wohlstand, der Rest ist Scheiße.

Was bleibt dem Menschen also anderes übrig, als sich über die jeweiligen Details der angeschnittenen wichtigen Fragen auszulassen?

Und so ist es in der Liebe, auch wenn mancher und vor allem manche es bestreiten möge, weiterhin und immerdar ein wichtiges Konzept, dass das Männchen das Weibchen durch seine Stärke, Größe und Potenz beeindrucken solle. Ein probates Mittel hierfür ist das Prahlen mit der Größe des eigenen Haufens (Siehe auch unter „Konfrontation zweier Männchen": „Ich scheiß' größere Haufen als Du!"). Das kommt bei menschlichen Weibchen extrem gut an, da stehen sie drauf, da werden sie sofort feucht, da steht der spontanen Paarung nichts mehr im Wege. Wenn also das Männchen von seiner Sitzung zurückkehrt, sollte es seinen Triumph und seine Überlegenheit über das Weibchen, das ja vermutlich unter chronischer Verstopfung leidet, und seine Dominanz gegenüber den armselig kleinhäufelnden, leisepupsenden anderen menschlichen Rüden beispielsweise mit folgenden Worten zum Ausdruck bringen: „Boah … so was von dem Kaliber muss eingeschlagen sein, als die Dinosaurier ausgestorben sind." Wenn ihr das zu wissenschaftlich ist, gerne auch:

„In den Verkehrsnachrichten hieße das: Ein Schwertransport, der nicht überholt werden kann."

Weitere trefflich geeignete Formulierungen, die dem Weibchen nebst der körperlichen Überlegenheit des Männchens natürlich auch seine unendliche Eloquenz und somit Geisteskraft demonstrieren, sind: „Yeah! Das Ding besteigt auch ein Reinhold Messner nicht ohne Sauerstoffgerät."

Oder mit Bezug auf Prominenz, die auch sie kennt: „Mann…schwerer als Amy Winehouse war das auf jeden Fall."

Sollte sie religiös orientiert sein: „Alter … wenn man da noch ein paar Steintafeln drauflegen würde, dann hätte Moses die zehn Gebote von meinem persönlichen Berg Sinai."

Auch angemessen ist: „Guck Dir das Ding an, ich hab' extra nicht gespült … Und dann ruf im Ministerium an – unsere Energieprobleme sind gelöst."

Sollte sie umweltpolitisch weniger interessiert sein, weil sie zum Beispiel den ganzen Tag kifft: „Ey, wenn das Zeug psychoaktiv wäre, würd's als Eigenbedarf jedenfalls nicht mehr durchgehen."

Oder männlich, schlicht, kurz: „Es gibt eben Scheiterhaufen – und meine Haufen."

Mann kann sich aber auch empathisch in die Welt der Frau begeben. Das mag sie, das beeindruckt sie und macht anschließenden Geschlechtsverkehr umso wahrscheinlicher: „Woa … wäre das 'ne Geburt gewesen, wär's kaum ohne Kaiserschnitt gegangen." Das mögen die Frauen, wenn man auf sie eingeht.

Übrigens besitze ich ein Buch mit Fotografien des Kotes der verschiedensten Tiere von Adler bis Ziege, inklusive Maus, Mensch und Tiger. Ich erwähne das nur, um zu belegen, dass ich mich nicht alleine künstlerisch mit diesem grundlegenden – grundlegenden! – Thema beschäftige.

„Uaaa … Gefroren aus dem Flugzeug abgeworfen wäre das als Stein-Eisen-Meteorit registriert worden und hätte Tsunami-Warnung ausgelöst."

Oder: „Als Lebensform hieße so was: ‚Ach Du Scheiße, was ist das denn?'"

„In der Geologie hieße so was ‚Orogenese' – Gebirgsbildung."

„In der Schweiz hieße das: Ob mer do ein Tunnel durch bekommit, isch fraglich …"

Und natürlich streuen wir immer mal wieder eine kurze, lakonische, sehr männliche Variante ein: „Manchmal habe ich Angst vor mir selbst."

Übrigens bedarf es zur ordnungsgemäßen Begutachtung von Volumen, Farbe und Form eines sogenannten „Flachspülers", also eines Bühnenklos. Leider werden diese immer seltener, da sich die meisten Menschen anscheinend lieber das Klosettwasser eines Tiefspülers gegen den Arsch platschen lassen, in dem dann aber ihr Meisterwerk schon vor dem Spülen halb verschwunden ist, auf dass sie seiner nicht angesichtig werden müssen.

Ich hingegen träume von einem Flachspüler mit eingebauter Waage.

„Bei Star Trek hieße das: Wir bewegen uns durch ein Graviationsfeld unbekannten Ursprungs." Danach würden dann William Shatner und Leonard Nimroy lustig durch die Studioaufbauten springen und rollen, um zu demonstrieren ‚Oh, das Schiff wackelt'.

„Ich sag' es mal so, Baby: Der Haufen liegt nicht im Klo, das Klo liegt unter dem Haufen."

Oder mag sie gerne Pferdebücher? Dann ist folgendes schön: „Die Cowboys Villeroy & Boch waren nur mit Mühe in der Lage, den wilden Mustang im Zaum zu halten."

Vor allem zur Brunft geeignet aber sind Scheiß-Beschreibungen, die sie mit einbeziehen, sie an ihren Träumen und Sehnsüchten teilhaben lässt oder die sich auf den häuslichen Bereich beziehen und an ihren Nestbautrieb appellieren. Schöne Beispiele hierfür sind: „Lass uns dem Ding einen Namen geben. Eine Postleitzahl hat es schon."

„Schatz, hatten wir nicht immer von einer eigenen Insel geträumt?"

„Ich würde sagen, in die Waschmaschine passt es nicht. Aber da wollen wir's auch, glaub' ich, gar nicht drin haben."

Letzten Endes will das Männchen mit all seinen blumigen Worten dem Weibchen aber natürlich – wie so oft – vor allem eines sagen:

„Siehe, Frau, ich hab' hervorragend gekackt
Ich bin zur Liebe nunmehr in der Lage
Da mich nicht mehr stört die leidig Plage
Dass es im Gedärme drückt und zwackt
Also stell jetzt keine blöden Fragen
Und mach Dich einfach hurtig nackt"

Falscher Hase

(„Hackbraten, Faschierter Braten oder Falscher
Hase ist ein Braten aus Hackfleisch.“,
Wikipedia.de)

Ballon-Fahrer Jean und Flieger-Horst

(zu lesen in: *französischem Accent* und
Volksempfängerdoitsch)

Es fuhr ganz nach ruhiger leis' schwebénder Facon
den Himmel entlang der Ballon-Fahrer Jean.
Und der Himmel ist bleu,
und der Jean, mon dieu,
der zündet sich eine Gauloise an.

Doch plötzlich, da bläst's ihm das Streichholz aus,
im Himmel ist Lärm und Hektik, oh Graus.
Es rattert und knattert, es brummt umher.
Es ist Flieger-Horst – mit Maschinengewehr.

Das ist nun wirklich ein starker Affront,
denkt sich ganz im stillen Ballon-Fahrer Jean.
Doch der Himmel ist bleu,
und der Jean, mon dieu,
der zündet sich doch die Gauloise an.

Der Horst hat inzwischen 'nen Looping gedreht,
und jetzt rast er dorthin, wo der Jean gleichsam steht.
Und er lacht, weil's gleich kracht, so sieht es aus.
Dem Franzos, dem Franzos macht er jetzt den Garaus.

Und so himmlert der Horst den Himmel entlang.
Dem Volke am Boden, dem wird schon ganz bang.
Der Flieger krächzt und der Propeller dröhnt.
Der Froschfresser wird jetzt des Fliegens entwöhnt.

Im Ballon zückt der Jean erst mal 'nen Flacon
und degustiert ein Schlückchen aus Roussillon.
Denn der Himmel ist bleu,
und der Jean, mon dieu,
zeigt sich nonchalant ob der Situation.

Immer schneller himmlert der Horst heran.
Der Erbfeind, der Erbfeind, der ist jetzt dran.
So kommt er auf den Ballon zu gedüst
und … sieht, wie der Erbfeind ihn freundlich grüßt.

Na, warte, Du schmier'ger Franzosen-Galant,
Du heißt bestimmt Claude oder Pierre oder Jean.
Dir zeig ich's, Dir wird Dein Gruß noch vergeh'n.
Dich hol' ich vom Himmel, das wirst Du bald seh'n.

Doch zuerst brauchst Du Franzose mal Angst.
Mal seh'n, ob Du Dich dann noch weiter betankst.
Flink wirbelt der Horst an dem Ballon vorbei,
streift's absichtlich leicht das rötliche Ei.

Im Ballon ist der Jean von der Grande Nation
ob des Fliegers Kunst voller Faszination.
Und der Himmel ist bleu,
und der Jean, mon dieu,
ruft „Encore" in geschmeidigem Bariton.

Der Horst, der blickt im Triumphe zurück.
Und sieht 'nen Franzosen strahlend vor Glück.
Das hält seine deutsche Seele kaum aus.
Der Franzose muss jetzt zu den Ahnen nachhaus.

Zum letzten Angriff wird Horst übergeh'n.
Das wird der Erbfeind nicht übersteh'n.
Es brummt der Propeller, es brodelt die Brust.
Den Flieger packt urdeutsche Kampfeslust.

Eng am Boden fliegt Horst nun entlang.
Soll der Jean noch mal sehen, was Horst alles kann.
Weit holt er aus in schneidigem Schwung
Und … fliegt dabei durch 'nen Stapel Dung.

Der Flieger bleibt stecken.
Der Horst fliegt hinaus.
Dann bleibt auch Horst stecken.
In einem Haus.

Wer weiter fährt in ganz ruhiger Facon
den Himmel entlang ist Ballon-Fahrer Jean.
Denn der Himmel ist bleu,
und der Jean, mon dieu,
hält den Horst nicht mehr für très intelligent.

Et maintenant taucht aus dem Korb des Ballon
plötzlich auf der Kopf von Horsts Frau Marion.
Und ihre Augen sind bleu,
et Marion, mon dieu,
weiß genau wie es kam, zu der Liaison.

… schreibe und schreibe und schreibe

Ich schreibe ein kleines Gedicht
auf ein Stück Klopapier
Und dann wisch' ich mir damit den Arsch ab

Ich schreibe ein glühendes Liebesgedicht –
Ein tiefes, ein brennendes, loderndes,
Ein herzerweichendes, -erhebendes und
-eroberndes Liebesgedicht
auf ein Stück Klopapier
Und dann wisch' ich mir damit den Arsch ab

Ich schreibe ein hexametrisches Epos –
Einen Versroman, eine Heldensage,
Ein Gleichnis über Schuld und Sühne,
Ein rhythmisches Meisterwerk,
Eine Konfrontation von Liebe und Hass,
Einen Götterreigen, ein mythisches Miteinander
und Gegeneinander
der Elemente, Völker, Heere, Flotten und Fürsten
Auf ein Stück Klopapier
Und dann wisch' ich mir damit den Arsch ab

Ich schreibe einen großen Zeitroman –
Ein wahrlich weltliterarisches Werk,
Eine Ansammlung fein gezeichneter Charaktere,
Ein elaborates Geflecht von Gefühlen und
Verschlungenen Strängen der Handlung,
Ein lebendige Bilder malendes Jahrhundertwerk,
Ein exotische Orte und merkwürdige Momente

Plausibel verknüpfendes Labyrinth der Welten des
Äußer'n und Inneren,
Einen die Manns und die Melvilles und James Joyce
und sonst wen entthronenden Wälzer
Ein gleichermaßen bestsellendes wie wegwei-
sendes Buch
in der Liste der weltweit größten Romane
Auf ein Stück Klopapier
Und dann wisch' ich mir damit den Arsch ab

Ich schreibe die Verfassung der Weltregierung –
Ein Paragraphenwerk von erlesenst einfacher
Durchdachtheit,
Eine alles erfassende, jeden berücksichtigende,
allen gerecht werdende, jedem verständliche
Konstitution
Eine friedenstiftende, weltbefreiende, Armut
bannende,
kollektive Individuen und individuelle Kollektive
stärkende Verfassung,
Ein Regelwerk zur Ehrung jedes einzelnen
Menschen durch alle und umgekehrt,
Die Grundlage einer Welt der Menschen, einer
menschlichen Welt voller Freiheit
und Liebe und Stücken des Kuchen für alle
Auf ein Stück Klopapier
Und dann wisch' ich mir damit den Arsch ab

Ich schreibe das Buch der Weltökumene –
Eine Bibel, einen Koran, eine Tora, einen Talmud,
eine Veda,

eine Mahabarata, eine Dhammapata, ein Book of
Mormon
Eine Aufzeichnung der Lehren aller alten und neuen
Lehrer, Propheten und Götter
Eine sie alle vereinende, gleichzeitig leugnende,
alle abschaffende Lehre
Ein Glaubensbekenntnis für jeden und alle, die sich
zu irgendetwas bekennen,
Ein Religionsfundament als Basis äuß'ren und
inneren Friedens,
Eine todbesiegende Schrift, eine Brücke vom Jetzt
in das Ewig,
Einen Trost für die Welt, einen Begleiter durch's
Leben,
Die Erklärung des Sinns, mutspendend für jeden,
Die Antwort auf alle jemals gestellten Fragen
Auf ein Stück Klopapier
Und dann wisch' ich mir damit den Arsch ab

Und ich schreibe …
Die erste neutrale und objektive Zusammenfassung
der Weltgeschichte
Die einzigen verschwörungsfreien Hintergrund-
berichte
zu den Morden an JFK, Jitzchak Rabin und Michael
Jackson
– und über deren engen Zusammenhang.
Das erste wirklich nützliche PC-Handbuch.
Eine universelle Gebrauchsanweisung für alles,
was irgendwann jemals irgendwer wirklich
brauchen könnte

– und das ist eigentlich gar nicht so viel.
Die umfassende aber dennoch nur zwei Seiten
lange
Erläuterung des deutschen Steuersystems.
Das Drehbuch für den alles verändernden Film.
Die ultimative, universelle, globale Petition,
die alle Machthabenden der Welt dazu bringt,
all das Gute zu tun und Böse zu unterlassen,
wozu frühere Petitionen sie nicht bewegen
konnten.
Den zweifelsfreien Beweis der String-Theorie.
Den ersten und einzigen Ratgeber,
der Frauen UND Männer zum Lachen bringt
und ihnen tatsächlich erklärt, wie sie nicht über,
sondern miteinander lachen und leben können.

Und ich schreibe den einen, den alles erklärenden,
alles erleuchtenden, alles beendenden Satz …

Auf ein Stück Klopapier
Und dann wisch' ich mir damit den Arsch ab

Und ich schreibe und schreibe und schreibe und
schreibe
Und Ihr ahnt es:
Am Ende ist alles, alles, alles … für den Arsch!

Stacheltier

Wenn ich mit meinem Stacheltier
gemeinsam an die Kacheln stier,
dann fragt mich oft das Stacheltier:
„Mensch, sag einmal, was mach ich hier?"
Ich sage dann zum Stacheltier,
dass es wohl an die Kacheln stier.
Es sagt dann oft das Stacheltier:
„Da is' wohl nix zu machen."

Ver-sehentlich Ver-fasst-es

Mancher sagt, Dichtung sei, wenn einer Sprache
                                    ver-dichtet.
Ich weiß nicht …
Das wär' ja, wie wenn Richtung sei, wenn einer
                                    etwas ver-richtet.
Am Ende ein Geschäft …
Wenn einer jedoch sein Geschäft vor Leuten
                                    ver-richtet
Und dazu noch über seine Scheiße was dichtet
Ist der dann ein Richter oder ein Dichter?
Ist er dann etwa ein richtiger Dichter?
Gar ein dichtiger Richter?
Ein dichter Richter?
Ein dichter Dichter?
Oder ist das etwa ein Künstler?
Ich weiß nicht …
Ich finde das etwas ver-künstelt.

Wenn einer hingegen, statt sein Geschäft zu
                                    ver-richten
Nach dem Dichten in eine Vase voll Rosen kotzt
Nachdem er sie eingehend beim Dichten be-rochen
Dann meine ich, der hat sich bestimmt nur
                                    ver-brochen
Oder …?
Oder ist das ein Künstler?
ICH BIN KEIN KÜNSTLER, ICH BIN
                        KÜNSTLER !!
Oh … den Atem ver-geudet,
mich schon wieder ver-leugnet.

So wie neulich
Da stand ich plötzlich am Strand
Mit nichts als Zeit in der Hand
Und nichts als Sand in den Taschen
Nicht mal ein Bonbon zum ver-naschen
Ich legte mich hin, war bald völlig ver-sandet
Sah 'ner Möwe zu, die hatte sich ver-landet
An einem Haufen Plastikobst hatte die sich
                        ver-bissen
War 'ne Lachmöwe, also habe ich sie ver-lacht
Dabei hab' ich dann in die Hosen gemacht
Mann, da hatte ich mich ganz schön ver-schissen

Ich ging ins Wasser
Den Sand und den Kot von mir zu waschen
Nicht etwa, um aus dem Leben zu scheiden
Man soll sich an schlechten Tagen nicht gleich
                        ver-leiden
Schlechte Tage sollte man einfach ver-tagen
Schlechte Worte sollte man sich ver-sagen
Schlechte Gedanken hat man meist sich selbst zu
                        ver-danken
Also ver-schob ich den Freitod auf morgen
Es hat sich dabei schon so mancher ver-storben

Oh, eine Krabbe!
„Frau Krabbe, ist das Ihr Fuß, auf dem ich da stehe?
Verzeihen Sie, da hab' ich mich wohl ver-treten."
„Ja, sprach Frau Krabbe, da haben Sie sich
                        ver-standen",
und hub an einen Scherentreffer in mein Bein zu
                        landen.

Sie traf sich selbst, hat sich ziemlich ver-kniffen.
Ich sagte „Frau Krabbe, das kommt vom Kiffen."
Also ver-rauchten wir am Strand die Wut und den
Streit
Lagen rum im Sand, hatten's gut, hatten Zeit

Wir waren breit,
Hatten uns in kürzester Zeit mächtig ver-breitet
Frau Krabbe bekam Hunger, also ging ich was
holen
Kein Geld, aber ich mich noch niemals ver-stohlen
Beim Bäcker, beim Metzger, ein paar Bier, sonst
ver-durstet
Mir die Krabbe noch, die Lyoner wollte,
Ich Salami hab' mich da wohl ver-wurstet
Auch beim Bäcker ver-semmelt, Mohn statt
Laugen.
Frau Krabbe fixiert mich aus genervt kleinen
Augen.
„Hast Dich wohl ver-kauft oder meinetwegen
ver-sammelt."
Sagt sie, hat sich am Strand doch aber selbst nur
ver-gammelt.
Wir essen trotzdem was und kommen uns dann
näher.
Mit 'ner Krabbe? Mann! Hab' ich mich da
ver-rammelt.
Natürlich kam ich auch noch zu schnell, war
danach ganz benommen.
Sie nicht beglückt, da hatte ich mich wohl
ver-kommen.

Fast wie damals,
als ich bei eBay den Hund kaufte, diesen Hund,
diesen toten,
da hatte ich mich für 500 Euro aber mal richtig
ver-boten.
Manchmal, muss ich einsehen, ver-handelt man
sich eben
Beim Nehmen ver-nommen, beim Geben
ver-geben.
Selbst wenn man nichts tut, hat man sich schnell
ver-lassen,
wenn man zupackt, kann man sich dafür leicht mal
ver-fassen.
Der Schmerz beim Ver-tragen, sich beim
Ver-sprechen ver-sagen,
wenn alles schief läuft, kann man sich nur noch
ver-tagen.
An Tagen wie diesen wirst Du Dich auch häufig
ver-passen
Dafür wird Dich dann auch noch Deine
Bolzmannschaft hassen

Da läuft nix wie am Schnürchen, auch an dem hat
man sich ver-zogen.
Im Schoß einer Andren nicht nur ver-sessen
sondern ver-schlafen
und zuhause sich dann natürlich mächtig ver-logen
aus Schuldgefühl dann Essen gemacht, sich dabei
aber wieder ver-braten
Und sich vor der Glotze bei der Quizshow dann
auch noch ver-raten

Beim Griff nach der Flasche den Dünger getroffen
Und sich folglich auch noch unschön ver-soffen

Und dann gehst Du, ich hoffe Du ver-gehst Dich
                                      nicht
Und da stehst Du, und ich glaube Du ver-stehst
                                    mich nicht
Ich mach mir Sorgen um Dich, doch Du lachst,
                            hast 'nen Hunni geborgt
Hab' ich mich um Dich vielleicht doch nur
                                    ver-sorgt?
Wir zwei waren nie gleich, haben uns dennoch
                                  ver-glichen
Wir sanken dennoch nach oben, waren völlig
                                  ver-sunken
Waren in uns und um uns ist die Welt er-trunken
Ver-sängen wir uns, hätten wir uns ver-tont,
Ver-sengten wir uns, hätten wir uns ver-brannt,
Ver-senkten wir uns, hätten wir uns vielleicht
                                  er-kannt
Und die Krabbe tanzt Samba im Abendrot …

Dann … wach' ich neben Dir auf
Bin froh, dass es Dich gibt
Diesmal hab' ich mich nicht
Ver-liebt

Kannst Du ja nun wirklich nichts für

Du willst ans Licht ans Licht
Raus in die Welt willst Du
Du willst wieder zurück
Zurück in Mamas Bauch willst Du
Du willst … Rabähhh … an die Brust
Trinken willst Du
Groß werden willst Du
Laufen willst Du
Alleine laufen
Auf die Fresse fliegen
Alleine auf die Fresse fliegen willst Du
Rabäääähhh …
Du willst spielen
Du willst doch nur spielen
Und sprechen kannst Du
Seitdem sagst Du, was Du willst
Spielen willst Du
Mit den Spielsachen vom Michi spielen, willst Du
Die Spielsachen vom Michi haben, willst Du
Schöne Spielsachen willst Du
Michis Spielsachen willst Du
Uuwäääähhh …
Du willst endlich in den Kindergarten
Heute aber willst Du nicht in den Kindergarten
Der Robert, der ist doof
Den willst Du nicht sehen
Du willst heute nicht in den Kindergarten
Aber zur Schule willst Du
Denn groß werden willst Du

Und einen Ranzen willst Du
Einen Schulranzen
Dass man irgendwann auch noch 'n anderen kricht
Weißt Du nicht und willst Du nicht
Oder würdest Du nicht wollen, wenn Du wüsstest
Aber in die Schule willst Du
Mit einem neuen, mit einem tollen Ranzen gehen
Toller als der vom Michi
Toller als der vom Robert
Aber die sagen dann irgendwann
„Ranzen, wie uncool …"
Und dann willst Du cool sein
Einen Ranzen willst Du nicht mehr
Du willst cool sein
Cool wie der Michi und wie der Robert,
die jetzt mit so coolen Taschen zur Schule kommen,
willst Du sein

Und dann willst Du die Tanja
Aber die Tanja will Dich nicht
Die Tanja will nur richtig große Jungs
Und so richtig groß bist Du nicht
Also willst Du groß sein und groß sein und noch
größer sein
Aber so groß, dass die Tanja Dich will, wirst Du
nicht
Und dann bist Du unglücklich
Und dann nimmst Du die Steffi
Aber die Steffi willst Du nicht
Und das sagst Du der Steffi
Jetzt will Dich die Steffi auch nicht mehr

Aber das ist egal
Du willst sowieso nur die Tanja
Aber die Tanja kriegst Du nicht
Deswegen willst Du trinken
Doch an die Brust lassen sie Dich nicht mehr
Dafür bist Du zu groß
Nur für die Tanja bist Du nicht groß genug
Also trinkst Du Bier, wie der Robert
Und Du rauchst, wie der Michi
Denn die sind cool und cool willst Du auch sein
Und dann werden Deine Noten schlecht

Aber Du willst Arzt sein
Du willst Arzt werden
Ein Gott in weiß werden
Ja, Du willst Arzt sein – ein großer Arzt sein
Aber Du bist nicht groß und klug bist Du auch
                                     nicht
Deswegen kriegst Du weder die Tanja noch einen
                                 Studienplatz
Aber Du willst ans Geld ran
Ans große Geld ran
Du willst schnell an das ganz große Geld ran
Also wirst Du Banker
Du machst eine Banklehre
Denn Du willst groß sein und an das große Geld
                                     ran
Aber die Tanja will Dich nicht
Also gehst Du doch wieder zur Steffi
Und jetzt bekommt die Steffi ein Kind von Dir
Aber das Kind, das wolltest Du nicht

Und doch heiratest Du die Steffi
Und die Steffi will ein Haus
Du kaufst ihr eins
Aber Geld hast Du nicht
Das große Geld, das Du willst, das hast Du nicht
Also leihst Du's Dir von der Bank und vom Papa
Denn wer ein Haus hat, ist groß
Und wer groß ist, bekommt die Tanja
Aber die hast Du nicht
Du hast die Steffi
Aber die Steffi, die willst Du nicht
Und das Kind erst recht nicht
Aber sie bekommt dann noch eins
Und dann bekommt sie noch eins
Und Banker ist ein Drecksjob
Und Du willst lieber Arzt sein
So ein Arzt wie der, bei dem die Tanja jetzt lebt
Und Kinder bekommen die nicht
Dafür ist ja noch Zeit ...
Und Dein Auto gefällt Dir nicht
Aber ist immerhin praktisch
Und Musik ist Dir eigentlich egal
Und die da oben sind ja eh alle gleich

Und die Steffi bekommt noch ein Kind
Und Deine Eltern sind stolz auf Dich
Nur Du auf Dich selber nicht
Und Du willst ganz weit weg sein
Du willst endlich groß sein
Du willst ein Star sein
Du willst an das ganz große Geld ran

Und Du willst für Dich selber Zeit haben
Und Du willst zurück nachhause
Und Du willst ganz weit weg sein
Und Du willst zurück zu Mama
Aber Deine Jüngste, die ist schon sehr süß
Und Deine Jungs sollen mal groß sein
Und die sollen mal ans ganz große Geld ran
Ärzte sollen die werden mit Tanjas
Nur Dich, Dich hat man nie verstanden
Hat schon Deine Mutter nicht
Hat erst recht Dein Vater nicht
Du wolltest doch groß sein
Du wolltest doch Arzt sein
Haben Dich nicht gelassen
Kannst Du ja nun wirklich nichts für
Du wolltest doch aufhören mit dem Trinken
Du wolltest doch aufhören mit dem Rauchen
Du wolltest doch mit der Tanja alt werden
Aber die wird mit ihrem Arzt alt
Du wolltest doch mit der Steffi alt werden
Jedenfalls will die Steffi mit Dir alt werden
Du wolltest doch aufhören mit dem Trinken
Du wolltest doch aufhören mit dem Rauchen
Die Steffi will doch mit Dir alt werden
Du weißt aber nicht, ob Du alt werden willst
Du wusstest noch nie so richtig
Nix wusstest Du
Außer das mit der Tanja
Aber der wusstest Du zu wenig
Die Steffi wusste und die Tanja wusste, aber Du
                                                nicht

Und Du weißt nicht, ob Du alt werden willst
Wirste auch nicht
Nur wie er Dich holt, das weiß er noch nicht.

Unverschämtes Gedicht

Ich triefe vor Hass.
Ich erstick Dich in Liebe.
Ich schreie vor Lust.
Ich stürz' Dich in Frust.

Lust? Frust?
Bin wohl ein Gedicht?
Nimm mich bloß recht ernst,
Sonst bist DU es nicht!

Was bin ich nicht?
Bin kein Gedicht?
Nein, bist nicht ernst.
Bin ich auch nicht –
bin Klaus
Raus!!!

Kinderlied

Fitze, Fitze, Fatze
Der Papa hat 'ne Glatze
Mitze, Mitze, Motze
Die Mama hat 'ne Glotze
Da guckt sie ständig Serien
Du brauchst Dich nicht beschweren
Hock Dich vor Deine Spiele
Denn davon hast Du viele
Spiel mit der Konsole
Klau darin Autos wie ein Pole
Finde neue Ziele
Denn davon gibt's hier viele
Hei, wie die zerspritzen
Hei, wie die zerplatzen
Die fiesen, fiesen Fratzen
Lerne für Dein Leben
'nem Arschloch muss man's geben
Immer in die Vollen
Respect wird man Dir zollen

Ritze, Ritze, Ratze,
Der Papa lauscht an der Matratze
Ratze, Ratze, Rotze,
Vorher war er kotzen
Das kommt vom vielen Saufen
Schickt Dich öfters Schnaps einkaufen
Wenn er rot wird um die Nase
Gehst Du besser auf die Straße
Da ist's nicht so gefährlich

Die Straße, die ist ehrlich
Prügel Dich mit Türken
Du darfst sie auch erwürgen
Denn Papa find't das klasse
Der macht nämlich auf Rasse
Denn er hat keine Arbeit
Und er kennt die Wahrheit
Die Arbeit hab'n die Andern
Die von anderswo einwandern
Am Papa kann's nicht liegen
Der müsst doch Arbeit kriegen
Wenn bloß welche da wär
Wär Papa längst Milliardär

Fitze, Fitze, Fatze
Der Papa hat 'ne Glatze
Pimpe, Pimpe, Pampe
Die Mama ist 'ne Schlampe
Die ist ein echtes Luder
Macht's auch mit Papas Bruder
Das bringt die drei ins Fernseh'n
Werd'n Deine Freunde gern seh'n
Da geht es echt zur Sache
Hab'n alle was zu lachen
Na klar, auf Deine Kosten
Stehst auf verlor'nem Posten
Haust in ein paar Fressen
Hast nur dabei vergessen
Dass Du ganz allein bist
Dass in Deiner Gang kein Schwein ist
Liegst also bald am Boden
Mit blauem Aug und Hoden

Ripfe, Rapfe, Rupfen
Zuerst bleibst Du beim Schnupfen
Ratze, Rätze, Ritzen
Aber besser kommt's zu spritzen
Hat Dich die Welt belogen
Helfen seit jeher Drogen
Angeblich gleiche Chancen
Landen als Bier in Papas Ranzen
Der Ranzen, der wird fetter
Und Papa immer netter
Zu Deiner kleinen Schwester
Ist halt heut' Silvester
Da will der Papa Liebe
Für Dich setzt's ein paar Hiebe
Doch Du hast längst 'ne Wumme
Warst viel zu lang der Dumme
Gehst leise in Dein Zimmer
Hörst Schwesterchens Gewimmer
Holst aus dem Schrank die Knarre
Da wird der Papa starren
Und Mama, die wird glotzen
Dann auf Papas Leiche kotzen
Denn Papa lässt sein Leben
'nem Arschloch muss man's geben
Immer in die Vollen
Respect wird man Dir zollen

Denn jetzt kommst DU ins Fernsehen

Fitze, Fitze, Fatze,
Im Knast rasier'n sie Dir 'ne Glatze …

Feines Hack

(Hmm… lecker …)

Liebt Ihr Euch?

Sagt mal Ihr beiden, liebt Ihr Euch?
Steht Ihr noch manchmal so richtig in Flammen?
Oder seid Ihr nur noch wegen des Zwecks
                                    zusammen?

Sagt mal Ihr beiden, liebt Ihr Euch?
Und sagt mal, wie ist das, belebt Ihr Euch?
Belebt einer den anderen, wie nur Liebe beleben
                                    kann?
Und erbebt Ihr, wie man nur so vor Lust erbeben
                                    kann?
Weil Ihr Euch verwebt habt in Weben von Frau und
                                    Mann,
weil Ihr nach Euch strebt, nicht am anderen klebt,
                                    denn Ihr seht,
darauf kommt es eben an, damit man sich durch
                          Liebe beleben kann.

Sagt mal Ihr beiden, liebt Ihr Euch?
Bekommst Du, Kerl, noch vom bloßen Hinseh'n
                          'nen Strammen?
Oder ist das meist nur noch so 'n mechanisches
                                    Rammen?

Sagt mal Ihr beiden, liebt Ihr Euch?
Und sagt mal, wie ist das, ergebt Ihr Euch?
Ergebt Ihr Euch einander, wie man sich nur ergeben
                                    kann?
Und verklebt Euch der Saft, den nur Liebe ergeben
                                    kann?

Und das fühlt sich dann mächtiger als der König
von Theben an,
weil Ihr einfach lebt, weil Ihr niemals aufgebt,
zueinander steht,
denn Ihr seht, dass nur dann die Welt Euren Sieg
zugeben kann?

Sagt mal Ihr beiden, liebt Ihr Euch?
Haltet Ihr noch wie Pech und Schwefel zusammen?
Oder ist die Stadt Eurer Herzen schon dabei zu
verslummen?

Sagt mal Ihr beiden, liebt Ihr Euch?
Und sagt mal, wie ist das, vergebt Ihr Euch?
Weil der eine dem anderen einfach nur vergeben
kann?
Weil der eine ohne den anderen niemals mehr leben
kann?
Selbst wenn die eine mal gelegentlich mit dem
Nebenmann
Oder er auch des Öfteren mal mit der Frau von
nebenan
Und trotzdem jeder dem anderen einfach nur
vergeben kann?

Oder, sagt mal Ihr beiden, belügt Ihr Euch?
Erzählt Ihr Euch die Märchen von alten Ammen?
Im Versuche des anderen Herz zu zerschrammen

Sagt mal Ihr beiden, liebt Ihr Euch?
Denn ganz allein darauf kommt es im Leben an.

Und wenn alles stimmt, kommt Ihr nahe ans
Schweben ran.
Und wenn jeder mal nimmt,
Und wenn jeder mal gibt,
Dann seht Ihr, es kommt aufs Nehmen und Geben
                                    an.

Sagt mal Ihr beiden, liebt Ihr Euch?
Oder willst Du, Kleine, vielleicht mal mit mir?

Käpt'n Cordula

Noch siebzehn Faden Wasser unter dem Kiel.
Das klingt in der Tat noch hinreichend viel.
Doch so ein Faden, da sind wir uns einig,
der ist nicht metrisch und manchmal schlicht
                                        scheinig.

So ein fadenscheiniger Faden, sei's auch ein roter,
Ist manchmal einfach das Seil, das Dich fesselt
Bist Du wirklich am Leben? Oder starr wie ein Toter?
Spinnst Du noch oder hängst Du nur noch im Sessel?

Hast den Faden verloren und hängst in den Seilen,
Hängst am seidenen Faden und kannst den nicht
                                        mal teilen,
Denn der rote, der ist damals irgendwann abgerissen.
Und jetzt ist alles fad und Deine Haare, die splissen.

Ja, Käpt'n Cordula, was willst Du uns noch stricken?
Was willst Du uns weben, um wen willst Du werben?
Das Seil und der Sessel, Deine Zeit liegt in Scherben.
Dein Patent ist verspielt und die Uhr hört Dich ticken.

Noch siebzehn Faden Wasser unter dem Kiel.
Und Du schielst zu dem Tau, das bis eben noch hielt.
Doch Tau übersteht leider niemals den Morgen,
Also mach einen Strick draus und Dir keine Sorgen.

Denn die Kabeltrommel wird beim Abspulen leichter.
Und Anseilen ist nur in den Hochalpen nötig.
Doch der Knoten im Seil, der wird weicher und
                                    weicher,
Und die Gipfel werden im Abendlicht rötlich.

Und vielleicht schafft Deine Seilschaft es schneller.
Solang' es das Seil schafft, bist Du nicht ganz im
                                    Keller.
Doch Anseilen ist was für Hengste aus der Verwaltung.
Sich nicht verstricken, sich Abseilen – das ist
                          Deine Haltung.

Ja, Käpt'n Cordula, was willst Du uns noch stricken?
Um wen willst Du werben, was willst Du uns weben?
Der Knoten im Tau – nur das Schwert führt zum
                                    Leben.
Dein Patent ist verspielt und Wellen stören beim
                              Sticken.

Noch siebzehn Faden Wasser unter dem Kiel.
Das ist zum Anlegen noch ein paar Faden zu viel.
Darum eilt Winde, ich steh an der Seilwinde
Setz' alle Segel, damit anderswo ich mein Heil finde.

Ein Kind haben, im Wind baden, am Strang ziehen
Was einfädeln, was aufreißen, dann abreisen.
Doch die Entbindung ist am Ende verbindlich,
Denn Spinnweben sind weniger klebrig als
                          empfindlich

Also nimm Dir Deinen alten verrotteten Strick mit,
Wenn Dir der Trott, den Du segelst, wirklich 'nen
                              Kick gibt.
Fädel' ein, falte auf, fall nicht auf und vestrick Dich.
Lass die Masche nicht fallen, auch wenn das Muster
                              ein Trick ist

Ja, Käpt'n Cordula, wen willst Du heut' noch ficken?
Wen willst Du kaufen, wohin willst Du noch laufen?
Ohne Seil an dem Ring wirst Du trotz allem ersaufen.
Dein Patent ist verspielt und die Uhr hört Dich ticken.

Noch siebzehn Faden Wasser unter dem Kiel
Und die See die umgarnt Dich im Seemannsgarnstil
Wie all die andern, die vor Dir zu lange auf's Beil
                              gafften
Und es dann nicht mehr bis zum rettenden Seil
                              schafften.

Bist Dein eigener Terrorist, Deine eig'ne Intifada,
Dein eig'ner Selbstmordattentäter mit der Bombe
                              im Lada.
Hängst pendelnd, verlebt und verwebt, am dünnsten
                              Bindfaden
Siehst gehetzt aus, wie 'n Reh hoch im Schnee oder
                              wie der Bin Laden

Denn die Bombe tickt – bald kommt Saft auf das
                                        Kabel.
Und die Schnur ist noch dran, nur ab ist der Nabel.
Also liegst Du entwurzelt und dennoch in Ketten
Find'st alles fade, wie schade, und nichts kann Dich
                                        retten.

Ja, Käpt'n Cordula, was willst Du uns noch stricken?
Was willst Du uns weben, um wen willst Du werben?
Das Seil und der Sessel, Deine Zeit liegt im Sterben.
Dein Patent ist verspielt und Du hörst auf zu ticken …

Keine neue Quietscheente

Letzte Woche, ich glaube, es war Dienstag, saß ich mit meiner neuen Quietscheente in der Badewanne. Eigentlich ist meine neue Quietscheente gar keine, denn eine Quietscheente hatte ich schon lange. Meine neue Ente quietscht gar nicht, aber dafür kann sie schwimmen und ist blau, während ihre quietschende Artgenossin gelb ist und beim Schwimmen kentert. Interessant ist es, an dieser Stelle kurz innezuhalten, um festzustellen, dass das Wort „kentern" ganz eindeutig das Wort „Ente" enthält, während „schwimmen", was einer Ente ja an sich als Freizeitbeschäftigung viel näher liegt, nichts dergleichen von sich behaupten kann. Sollte aber jetzt einer rufen: „Aha, ‚enthält', was mag nun das mit Enten zu tun haben?" Dann sage ich diesem nur, wir wollen es nicht übertreiben, Ungestümer, darum geht es doch gar nicht. Weder handelt diese unglaubliche Geschichte nämlich von Enten noch von dem lecker duftenden Kräuterbadeschaum in meiner Wanne. Obwohl in „Kräuterbadeschaum" bestimmt ganz viele tolle andere Wörter enthalten sind.

In Wirklichkeit geht es hier um jemand ganz anderen, den ich gleich vorstellen werde. Als ich da also in meiner Badewanne mit Kräuterbadeschaum, Kenterente und Schwimmente lag und meine Knie wie immer lustig aus dem Schaum hervorlugten, da kollidierte doch unverschämt unverhofft etwas metallisch Kühles mit meiner Bauchnabelgegend. Bevor ich mich noch ordentlich wundern, in Panik ausbrechen oder wenigstens „Huch, was war das denn?" rufen konnte, war schon ein in etwa salatgurkengroßes U-Boot aufgetaucht. Da war es dann schon viel zu spät, um noch „Huch, was war das denn?" zu rufen. Denn nun wusste ich ja einerseits, womit ich es zu tun hatte, und war andererseits völlig sprachlos, was sonst gar nicht meine Art ist.

Und wie ich da so sprachlos in der Wanne lag und das U-Boot anglotzte, was vermutlich insgesamt nicht gerade vorteilhaft aussah, da öffnete sich auch schon die etwa radieschenscheibengroße Luke des Bootes. Heraus stieg ein Männlein in einer dunkelblauen Uniform, dessen Größe ich nicht mit Gemüsevergleichen beschreiben werde, weil das jetzt wirklich langsam ausgereizt ist. Das Männlein unbestimmter Gemüsegröße marschierte strammen Schrittes an den Bug seines U-Bootes, sah inspizierend in meinen Kräuterbadeschaum, marschierte ans Heck, tat dort das Gleiche und schaute mich schließlich an.

Da der Herr nun gerade aus einer U-Boot-Luke geklettert ist und sich in der Lage sieht, „stramm zu marschieren", kann ich mir hoffentlich weitere Beschreibungen wie „wettergegerbtes Gesicht, graumelierter 5–6-Tage-Bart", etc. sparen – das kriegt hoffentlich jeder selber hin. Der wettergegerbte, kleine Mann (ungefähr so groß wie ein eingelegtes Maiskölbchen übrigens) sah mich also an, salutierte mindestens so stramm, wie er marschiert war, schlug die Hacken zusammen und rief zu mir hinauf: „KaLeu Brotzke zu Ihren Diensten. Boot ist bis auf leichte Verschäumungen einsatzbereit."

Meine komplette Verdatterung machte nun rapide einer Art surrealen Nonchalance Platz. Ich salutierte ebenfalls so stramm, wie das zwischen Kräuterbadeschaum und aus Gummi gefertigten Enten verschiedener Farben und Fähigkeiten eben möglich ist. Das Zusammenschlagen der Hacken ließ ich dabei weg, da es den Herrn KaLeu wohl doch in Seenot, oder Wannennot, gebracht hätte.

„KaLeu Brotzke", sprach ich, „ich weiß nicht, wie es Sie in diese Gewässer verschlagen konnte, aber wenn Sie mir schon Ihre Dienste antragen, teilen Sie mir doch mit, wofür das Boot ausgerüstet ist." Der KaLeu entgegnete: „Spähen und Kundschaften auf Schleichfahrt. Vor dem Feind, neben dem Feind, hinter dem Feind – immer mitten rein in die Scheiße, wieder raus und berichten." Nun gut, mitten rein in die Scheiße also, dachte ich und sagte zum KaLeu: „KaLeu Brotzke, vor einer Woche verlor ich eine Träne. Sie fiel mir in den Abguss. Heute weiß ich, dass ich die Träne nicht hätte vergießen sollen. Finden Sie diese Träne für mich und erstatten Sie Bericht." Als Brotzke nun wiederum salutierend „Zu Befehl" brüllte, in die Luke sprang, mit dem Boot abtauchte und beim Ablassen des Badewassers spurlos verschwunden war, wunderte mich das eigentlich schon nicht mehr. Ich ging davon aus, ihn nie wieder zu sehen.

Genau eine Woche später, ich hatte mich gerade zum Präventivurinieren vor einer längeren Autofahrt aufgestellt, gluckerte es in der Schüssel und Brotzkes Boot tauchte in meinem Klosett auf.

Das Boot sah übel aus. So, wie ein Boot nach einer Woche in der Kanalisation wohl aussieht, obwohl ich damit recht wenig Erfahrung habe. Der KaLeu kletterte aus der Radieschenluke seines Bootes, salutierte recht müde und meldete: „KaLeu Brotzke meldet: Keine Spur von der Träne. Massenweise Ratten, Unrat und Scheiße aber keine Tränen. Ich bitte nunmehr mit meiner Mannschaft Kurs auf die Heimat setzen zu dürfen."

Ich muss gestehen, dass ich nur stumm nickte und sowohl das Salutieren wie auch jegliche Worte vergaß. KaLeu Brotzke schlug die Hacken zusammen, sprang zackig in seine Luke, und das Boot war flugs verschwunden.

Ich vergaß zu pinkeln und musste an der zweiten Raststätte raus. Trotzdem bin ich froh, den KaLeu Brotzke getroffen zu haben. Ich selber hätte sicher nicht eine Woche in der Scheiße nach der verlorenen Träne gesucht.

Aber ist es nicht gut, dass es noch solche wie den KaLeu gibt, die so etwas für einen tun?

Krieg

Als im Kindergarten plötzlich Jochen neben meinem damals besten Freund, dem Oli, saß,
und als der Jochen auch durch Bitten und durch Betteln da nicht wieder wegzubringen war,
da war schon fast Krieg.

Wenn wir im Garten der Kinder dann zur Pause gingen, dann spielten wir Krieg.
Wir waren Cowboys und Indianer oder Ritter und Räuber, und die machten dann Krieg.
Und dann schlug ich den Jochen auch mal etwas härter, denn mit dem war jetzt Krieg.
Der Jochen, der hängt heute schon lange an der Nadel, vielleicht ein später Sieg?

In der dritten Klasse war der Hans-Christian schon älter, und der erklärte uns Krieg.
Der war damals schon stärker und er quälte uns alle, machte mit uns seinen Krieg.
Der wurde später ein harter, ein ganz harter Junge, machte mit der Welt Krieg.
Vielleicht weil wir einmal gleich nach der Schule gemeinsam ihn stellten, ein kleiner Sieg.

Wenn jemals ein Lehrer zu nett und zu schwach war, dann bekam der seinen Krieg.
Wenn aber ein Lehrer zu hart und nicht fair war, bekam auch der seinen Krieg.
Wenn nun ein Lehrer nicht schlecht und gerecht war, machte irgendwer trotzdem Krieg.

Wenn in Französisch die Frau Petzold dann letztlich
weinte, war das wirklich ein Sieg?

Wenn die andern schon durften, was man selber
nicht durfte, war zuhause halt Krieg.
Wenn man sich dann nicht an das hielt, was Eltern
so sagten, war zuhause mehr Krieg.
Wenn die Musik zu laut war, die Tasche im Flur
stand, dann war schon wieder Krieg.
Als es dann nach Jahren einfach allen egal war, dann
war das wessen Sieg?

Ging der Jan mit der Uta, von der man selber was
wollte, dann war mit Jan Krieg.
Kam man dran an die Uta, von der Jan doch was
wollte, dann war mit Jan Krieg.
Jan und ich wollten beide was von der Uta, doch die
nicht von uns, also war mit der Krieg.
Fast drei Jahre später, da wollte die Uta, doch da
gab's dann Nina, ein später Sieg.

Dann die Entscheidung, Bund oder Zivi, zwischen
den Fronten, da herrschte Krieg.
Du bist ein Nazi und Du ein Verpisser und wussten
doch gar nix, und doch herrschte Krieg.
Faltige Ärsche, stinkige Stuben, schreiende Webel,
schmutzige Panzer für welchen Krieg?
Aus Diensten entlassen war keine der Seiten irgendwie besser – hat keiner gesiegt.

Und dann auf ins Leben, nur was damit machen? So viele Fragen, innerer Krieg.
Lern halt was Rechtes, kein' Kunst, das ist brotlos, machste halt Jura – das hilft im Krieg.
Hier drüben die AStA, rechts 'ne Verbindung, da die UAStA, noch ein paar Bullen – ein Straßenkrieg.
Fliegende Steine, mancher ein Treffer, nur die Werfer daneben – für niemand ein Sieg.

Du willst meine Frau, Du willst meine Firma, hast ein größeres Auto, machst mit mir Krieg.
Golf gegen Opel, HSV gegen Pauli, Bayer hasst Preußen – überall Krieg.
Nord gegen Süden, Ost gegen Westen, Reich gegen Arme – ein kalter Krieg.
Baum gegen Mauer, Meer gegen Felsen, Fels in der Brandung – da gibt's keinen Sieg.

Weiße auf Schwarze, Schwarzes auf Weißem, viele Gesetze – regeln den Krieg.
Punks gegen Popper, Deutscher schlägt Türken, fehlende Gründe – in diesem Krieg.
Islam gegen alle, USA keine Lösung, Russland verloren – wär' doch bloß wieder Krieg.
China im Startloch, Iran baut die Bombe, George ist dagegen – na, dann machen wir Krieg.

Du willst nicht, wie ich will – das bedeutet dann Krieg.
Du glaubst nicht, was ich glaub' – das bedeutet dann Krieg.

Du hast 'ne komische Farbe – das bedeutet dann Krieg.
Du willst an mein Öl ran – das bedeutet dann Krieg.

Hast eine zu hohe Hecke – Nachbarschaftskrieg.
Willst den Büroplatz am Fenster – Kollegenkrieg.
Verkaufst viel mehr Bücher – Autorenkrieg.
Drückst auf den Knopf drauf …

Den Jochen, den wollte ich damals von seinem Stuhl
zerren, wie er da so neben meinem damals besten
Freund, dem Oli, saß. Da hat der Jochen mich gebissen – in den Arm. Die Kindergartentante Else sagte
dann, ich dürfe den Jochen jetzt zurückbeißen, und
hielt mir seinen Arm hin. Ich biss Jochen zurück
und dafür durfte er da sitzen bleiben, neben dem
Oli, sagte die Kindergartentante Else.

So ganz glücklich waren wir damit beide nicht,
aber irgendwie hatten wir keinen Krieg mehr, und
der Jochen wurde später ein besserer Freund als der
Oli. Und der Jochen blieb auch länger mein Freund
– bis ich ihm dann dahin, wo er hinging, nicht folgen wollte.

Trotzdem glaube ich nicht, dass der Jochen sich
wegen der Tante Else seinen ersten Schuss gesetzt
hat. Und ich glaube auch nicht, dass der Jochen auf
Droge hängengeblieben ist, weil ich ihn damals zurückgebissen habe. Nein, das glaub' ich nicht. Das
war alles irgendwie noch kurz vor dem Krieg oder
jedenfalls erst ganz am Anfang. Und der Jochen,
denke ich immer, der Jochen, der ist im Krieg gefallen.

Geben und Nehmen

Es ist Samstagabend 18:30 und ich habe mir zur Sportschau eine Pizza bestellt. Draußen regnet es zum Glück sowieso, da darf man das. Es verspricht ein guter Abend zu werden.

Und was passiert?

Es ruft natürlich eine Frau an, meine Frau. Also nicht „meine Frau" mit Ring und Reihenhaus und Migräne und zu wenig Schuhen und zu viel Sorgen und so weiter. Oder jedenfalls nicht als mir liebgewordenes Standardprogramm, obwohl auch sie sicher zu wenig Schuhe und auf jeden Fall gerade einige Sorgen hat. Aber meine derzeitige Frau eben, meine Lebensabschnittsgefährtin, meine Partnerin, meine Prostatakrebsvorbeugemaßnahme, meine Einrichtungsberaterin, meine Urlaubsgefährtin, meine Bettwärmerin, meine Sorgenteilerin, meine mich auf zu weite Hosen Hinweiserin, meine Badewannenmitbenutzerin und so einiges mehr. Eine lieblose Beschreibung sei das? Nein, das würde ich nicht sagen.

Die Beschreibung einer Frau, mit der ich sehr gut leben kann, ist das.

Aber keine Beschreibung einer Frau, ohne die ich nicht mehr leben kann, sei das?

Das wiederum mag richtig sein oder auch nicht
und zeigt sich ja leider immer erst dann,
wenn man vor der Situation steht,
ohne sie leben zu müssen.

Meistens weil man es selber verbockt hat.
Entweder, weil man zu langweilig ist:
Wieso ins Theater? Es läuft doch Fußball …
Oder weil man zu unlangweilig ist:
Im August, ja da hätte ich mal wieder Zeit

Oder weil man Haare in der Nase hat, oder keine
auf der Brust, oder doch welche auf der Brust, und
das ist vielleicht noch o. k., aber bitte nicht auf dem
Rücken. Kannst Du Dir nicht den Rücken rasieren?
Oder wenigstens die Füße? Oder etwas öfter die
Bettwäsche wechseln oder wenigstens die Socken,
und im Wald nicht furzen und auf der Straße schon
gar nicht und beim Scheißen möglichst auch keine Geräusche machen und bitte auch sonst keine
Spuren in der Wohnung hinterlassen, in die Mann
ja sowieso nie gemeinsam einziehen wollte, aber
musste, weil man ja schließlich Bindungsfähigkeit
beweisen muss, sowie auch Bindenfähigkeit, also
die Fähigkeit, auch mal Binden einzukaufen, und
blinde Fähigkeiten obendrein, nämlich ohne etwas
zu hören oder zu sehn, wissen, dass es IHR schlecht
geht oder eben gut oder eben doch schlecht und
dann ganz bestimmt nicht furzen und auch nicht
fragen, warum SIE denn nicht einfach mal einen
fahren lässt, wenn IHR Bauch weh tut, man täte das
ja schließlich auch, also warum denn nicht? Und an
einem solchen Tag auch nicht über den Urlaub in
Schweden reden, denn da will sie sowieso nicht hin,
und überhaupt ist das gefährlich und Mücken gibt's
da auch und was soll man denn auch da und da ist

doch keiner, aber genau darum geht's ja – ja vielleicht DIR. Und was heißt eigentlich keiner? Bin ich den keiner? Reicht das denn nicht, wenn WIR da sind? Wie romantisch!

Und wer von uns hat jetzt eigentlich das gerade gesagt? Denn manchmal verschwimmen die Rollen eben, und dann verschwimmen die Bilder der Frauen, verschwimmen hinter den Tränen der Männer, die sie nie weinen, weil das Männer ja nun mal nicht tun, es sei denn sie sind Männer, „die auch mal weinen können", die Frauen ja wollen, die Frauen ja suchen, die Frauen ja so stark finden, weil sie sich trauen zu weinen, die Weicheier, die Frauen eigentlich gar nicht wollen, die Frauen eigentlich gar nicht suchen, die Frauen eigentlich gar nicht stark finden, sondern das selber nur behaupten, weil sie ja dann auch nicht kochen können müssen, wenn die Männer schon weinen. Denn die Bilder verschwimmen, die Bilder der Männer hinter den Tränen der Frauen, die jetzt weinen, weil die Männer, die weinen, einfach zum Heulen sind, und die Männer, die nicht weinen, weil sie dafür nicht stark genug sind oder zu stark dafür sind, nun mal die Frauen nicht verstehen, die gerade weinen, und nur wieder sagen, sie sollen das lassen, die Frauen, und erpressen lässt sich schon mal keiner von beiden. Nicht die, die da weinen, von denen, die's nicht tun noch die, die nicht weinen, von denen die's doch tun.

Und dann tun sie's und zwar miteinander.
Entweder nach dem Weinen,
oder noch währenddessen oder
am besten gleich stattdessen
und danach geh'n sie zum Essen
und das Essen ist gut
und das Ficken macht Mut
und das Essen ist gut
und er vergisst seine Wut
und das Essen ist gut
und das Ficken macht Mut
und danach noch ein Eis,
denn der Tag war so heiß
und dann in die Nacht … in die Nacht … in die
Nacht …

Hach, das waren noch Zeiten,
als alleine man streunte
durch die Gassen der Stadt
in der Nacht … in der Nacht … in der Nacht …

Bis man morgens erwacht
neben einer oder einem
die am Abend noch fremd war
und nun hat man sie
und das ganz ohne Weinen
und er lacht über sich
und er lacht über sie
und er lacht über alles
und er lacht bis er weint
und das Weinen tut gut

und das Lachen macht Mut
und zusammen heißt beides
„das Leben".

Und nur das kann es sein was wir uns beide geben.
Und das Geben tut gut und für das Leben macht's
                                        Mut
Und nun geh Deiner Wege und lege die Karten,
                                    so wie
Du sie gern legtest und sieh nicht zurück,
denn ich weine,
nur eine kleine
Träne
In der Nacht, die's nicht schafft, mich schlafen zu
                                            lassen.
Und er lacht, und er weint und er kann es nicht
                                        fassen,
dass es gut ist.

Alles.
Wie es war.
Wie es ist.
Wie es wird.
Leben …

Und solange Du weinst und solange ich lach'
Und solange ich wein' und solange Du lachst
Und solange wir weinen und solange wir lachen
Solang' will ich leben

Und wenn Du nicht mehr lachst
Und wenn ich nicht mehr wein'
Und wenn wir nicht mehr sind
Dann bin ich nicht mehr Kind
Dann bist Du nicht mehr das
Was Du mir einmal warst
Dann dreht sich das Rad
Und die Speichen sie weichen
Eine der nächsten und drehen
Und flehen und sind alle die gleichen
Aber stehen nie still und bewegen
Sich weiter im Takt der Gezeiten
Und die drehen das Rad bis auch wir
Ihnen weichen wie der Sand in der Flut
Und am Strand und die Leichen im Meer
Die da treiben, doch wir wollen schwimmen
Denn das Leben geht weiter und weiter und weiter
Und wir drehen das Rad immer leiser und leiser
Und die Speichen sie weichen den Speichen
Und das Lachen dem Weinen und dem Weinen das
                                        Lachen
Denn wir nehmen und geben und geben und
                                nehmen
Und leben

Happy End – Geschichte endet hier

(In Anlehnung an Toby Hoffmann: „Geschichte wird gemacht")

Der folgende Text ist ein Happy End. Er ist das Happy End. Das Happy End der Geschichte. Aller Geschichten. Und er ist das Happy End zum Text „Geschichte wird gemacht" von einem gewissen Toby Hoffmann. Vielleicht ist er aber auch weder Happy noch End noch irgendetwas. Vielleicht ist nichts jemals am Ende, selbst die Geschichte nicht, und das hier nur eine weitere Geschichte.

Ranicki, ach ja … Ranicki … das ist doch 500 Jahre
                                                    her.
Oder waren es 33?
Und wenn heute das 21. Jahrhundert ist, wann hört
Die Geschichte endlich auf –
der Huxley'sche Traum
Von der schönen neuen Welt
der kosmetisch, der chirurgisch,
der genetisch Perfektionierten.

Ein Jahrhundert Kulturkrieg
Zwei Jahrhunderte Ölkrise
Fünftausend Jahre Glaube
An wen?
Oder wieso?
Endend in der Ökumene der

TV-Konsumenten, der
regenbogenfarbenen Pressekoalition der
Iris-Berben-Partei des
Sarah-Connor-Konsortiums und der
Mark-Medlock-Gedächtnis-Kirche.

Endlich bezahlt das öffentlich rechtliche Fernsehen
seine Zuschauer und …

Bushido ist Intendant des KZDF
Wir alle sind Superstars.
Selbst Pol Pot
einstmals „Bruder Nummer 1",
rötester aller Khmer,
reinkarniert in Bristol and
now Britain has Talent
and Pol Pot ist Paul Potts
der Handy-verkaufende Tenor.

Mick Jagger indessen ist tot. Schon seit
Neunzehnhundertundfünfundsiebzig
33 weitere Jahre haben wir uns eingebildet.
Die Monroe spielt Gin Rommé mit
Arthur, Bobby, John F. und River Phoenix.
In der Ecke flippert James Dean, lässig lehnend
An dem Gerät namens „Speedball".

Nebenan sitzt Herr Lehmann mit den
Lehmann Brothers beim Bier.
Sie pokern um Optionsscheine und Zertifikate.
Josef Ackermann geht mit seinem

DAX-Hund Gassi und beschließt
Gemeinsam mit mehreren Helmuts und Josefs
Eine neue, eine bessere Weltordnung
Der ökonomische Ökologismus
Rettet den letzten Wal
Der letzte Eisberg wurde
Von der Titanic gerettet
Konserviert in einer
Ehemaligen Skihalle in Dubai.
Nur Leonardo,
der ist trotzdem ertrunken.
Schade um da Vinci …

Nichts hat sich verändert
Nichts bleibt gleich
Nichts lebt
Nichts endet und niemand verzeiht
Und alles geht wieder
Von vorne los und
Wird wieder nichts

Der leuchtende, der ozeangleiche,
weltengroße Khan hat
mit seinen mongolischen Reitern
von Bayern aus
die Welt erobert.
Jürgen Klinsmann, sein
Innen- und Außenverteidigungsminister
Führt die Geschäfte von Shanghai aus.
Oberste Repräsentanten des Weltstaates sind
Bill Gates und – Madonna

Die endlich zusammengefunden haben.
Nur Italien ist noch unabhängig
Und wird wieder von Franco regiert.
Franco Nero, Brandstifter und Biedermann
Kaiser des Wilden Westens.

Außer holländischen Tomaten ist
Eigentlich nichts mehr illegal
Rudolf Steiner betreibt
Waldorf Slums in Bombay,
Djakarta und Mexico City.
Auch der Khan hat gelernt
seinen Namen zu tanzen.
Und alle Kinder der Welt haben
endlich gesicherte Arbeit.
Und
Wasser ... Wasser ... Wasser ...
in den Köpfen, in den Salatköpfen,
in den Wasserköpfen der
Böcke und Gärtner des Weltengartens.

Die Mauer ist gefallen und der
Vorhang hat sich gehoben
Dem Handel mit Mädchen und
Waffen steht endlich nichts mehr im Wege
Außer vielleicht Skrupel
Oder sogar Gewissen
Aber davon weiß keiner mehr
Worte aus vergangenen Welten
Aus Liedern von damals
Aus Geschichten der Frühzeit

Höchstens gefragt noch in Quiz-Shows
Günther Pilawa und Jörg Jauche
Stellen dem ganzen Volke
täglich die Millionenfrage:
„Wofür steht Heckler&Koch?"

Aber Dieter Thomas Heck hatte doch
Nie eine Kochshow. Der war doch
Kanzler, oder?
War das nicht kurz nach Pisa?
Oder kurz vor Hiroshima?
Irgendwann in den Ölkriegen eben
Nur durch Dummheit das Ziel verfehlt
Mit der Bombe, der Bildung,
der bombigen Bildung
Aber Hauptsache,
die Bahn ist heut pünktlich.

In Spanien gründen Stiere und Toreros
eine gemeinsame Gewerkschaft
Wir lesen darüber im Internet und
Geben unseren Senf dazu
Und Bilder, Bilder, Bilder
Fluten das Netz
Unsere eigenen Bilder
Und Videos von unsern Kindern
Sportunfällen und Körperteilen
Filme und Bilder und unser Senf
Alles für alle
Der Traum der Aufklärung wird wahr und
Brockhaus, Goethe und Einstein sind

Nichts mehr nur für Eliten
Alle wissen alles über alles
Vor allem einander
Aber …

Nichts hat sich verändert
Nichts bleibt gleich
Nichts lebt
Nichts endet und niemand verzeiht
Und alles geht wieder
Von vorne los und
Wird wieder nichts

Inhalt

Im Lektora-Verlag erschienen

Lars Ruppel

Larubel-Trilogie

Die als Schuber veröffentlichte Larubel-Trilogie umfasst
folgende Werke des bekannten Poetryslammers:

- **Schweinchen**
(ISBN: 3-938470-33-x, 6,00 EUR)

- **Brille**
(ISBN: 3-938470-34-8, 6,00 EUR)

- **Limo**
(ISBN: 3-938470-35-6, 6,00 EUR)

ISBN 3-8470-41-0

€ 15,00

www.lektora-verlag.de

Im Lektora-Verlag erschienen

Markus Freise

Du gehst da raus und alles wird zu Gold

„Dies hier ist Poesie!"

BLÖDSINN!

Das hier ist eine Schlacht! Aber das weißt du noch nicht.

Du bist der Neue. Allein.

Alles was du jetzt hast sind 6 Zettel und das Zittern in deinem linken Knie, das dir sagen will: Du bist gar nicht alleine, Baby! Das Zittern ist an deiner Seite und das wird dich nie verlassen.

„Ich hab fast geweint. Ich fand das sehr, sehr schön. Und kann gar nicht mehr dazu sagen, außer dass ich gerne die Freundin von dem Markus sein möchte."
(Slam-Tour mit Kuttner)

„Das solche Autoren Untergrund bleiben, ist so sinnvoll wie schade. Sie sind die besseren Chronisten des Zeitgeistes als so mancher Buchtipp des Monats."
(Visions-Magazin)

„Mein ganz persönliches Buch des Jahres."
(Mischa-Sarim Vérollet)

ISBN 3-8470-39-8

€ 13,90

www.lektora-verlag.de

Im Lektora-Verlag erschienen

Harry Kienzler

Ich liebe meine Angst

„Ich hab' Angst,
Angst vor Einbrechern,
Angst vor Schulfächern,
Angst vor Kinderschändern,
Angst vor Augenrändern,
Angst vor Warteschlangen,
Angst vor Zahnzugzangen,
Angst vor Abhörwanzen,
Angst vor Stehbluestanzen,
Angst vor Fünf-Meter-Brettern,
Angst vor Drei-Meter-Brettern,
Angst vor Gasexplosionen,
Angst vor Pilzinfektionen,
Angst vor Organdieben,
Angst vor Spontanlieben,
Angst vor Steuerklassen,
Angst vor Entbindungen,
Angst vor Menschenmassen,
Angst vor Verbindungen.

Ich hab' Angst,
aber das ist mir egal, ich liebe meine Angst,
ich liebe meine Angst,
denn meine Angst verleiht Flügel."

ISBN 3-8470-38-0

€ 9,90

www.lektora-verlag.de

Im Lektora-Verlag erschienen

Sebastian 23

Ein Kopf verplichtet uns zu nichts

Sebastian 23 ist einer der bekanntesten und erfolg-
reichsten Poetry Slammer Deutschlands und trägt eine
Mütze.
Seit 2003 hat er sich dieser Form der live vorgetrage-
nen Literatur verschrieben und ist damit im gesamten
deutschsprachigen Gebiet aufgetreten, u. a. bei der
Frankfurter Buchmesse, im Schauspielhaus Hamburg
und im Berliner Admiralspalast.
2008 wurde er deutschsprachiger Meister und Vizewelt-
meister im Poetry Slam, gewann die renommierte St.
Ingberter Pfanne, trat bei TVTotal, Nightwash und im
QuatschComedyClub auf und ist zudem nominiert für
den Literaturpreis des Landes NRW. Außerdem erlangte
er bei einer Aral-Tankstelle in der Nähe von Büttelborn
vier Bonuspunkte beim Erwerb eines Schokoriegels.
Seine Texte sind in zahlreichen Anthologien veröffentlicht
(u. a. bei Reclam und S. Fischer) und sein Debüt-Buch
„Ein Kopf verpflichtet uns zu nichts" erschien Ende 2008.
Und 2009 geht er mit seinem ersten Solo-Programm auf
Tour. Es heißt „Gude Laune hier!" und es handelt von den
Tücken, mit denen man als Dichter und   Philosoph so
im Alltag zu kämpfen hat.
Zum Beispiel Kaffee.
Und Mützen.
Und Wiederholungen.

ISBN 3-938470-20-8

€ 12,80

www.lektora-verlag.de